麓山
上廊
海防廳今廢
吳川縣
潮田
潮田
演武亭
白沙

本書得到以下項目的資助

廣東省2018年普通高校人文社科研究重點項目：粵西府縣舊志整理與出版（2018WZDXM033）

廣東省2018年『創新强校』工程財政支持項目[73]號：湛江地方特色文化研究平臺

廣東省2020年哲社規劃重點項目：明清及民國《石城縣志》纂修與版本系統研究（GD20XTS08）

廣東海洋大學2022年度人文社科文化建設重點項目『粵西府縣舊志整理與出版』專項

『粵西府縣舊志叢書』整理編輯委員會

主　編：孫長軍

副主編：蔡　平（执行）　鄧　建　劉　剛

編　委：（以姓氏筆畫爲序）

李玉晶　沈曉梅　罔　勯　張蔚虹　彭潔瑩　董國華　趙永建　蔡　平

裴夢蘇　鄧　建　劉世傑　劉　剛　劉　嵐　閻懷蘭　鍾嘉芳

粵西府縣舊志叢書

孫長軍　主編

康熙二十六年吳川縣志

（清）李球隨　纂修
鐘嘉芳　整理

暨南大學出版社
JINAN UNIVERSITY PRESS
中国·广州

『粵西府縣舊志叢書』總序

一、『粵西』所指及叢書範圍

『粵西』與『粵東』相對，本是一歷史地名。《中國歷史地名大辭典》：『粵西，指今廣西壯族自治區，為廣西之别稱，因位於古百越（粵）地西部而名。』『粵東，指今廣東省地，因位於古百越（粵）地東部而得名。』清人汪森所輯《粵西通載》一百三十卷（《粵西詩載》二十五卷，《粵西文載》七十五卷，《粵西叢載》三十卷），書名『粵西』即指今廣西。其《粵西詩載序》曰：『凡系粵西之事，形之詩與文者，抄撮成一編。』雖然其中所録詩文的書寫並非盡為今廣西之事，以廣西視角的觀照是明確的。至民國陳柱編輯明末清初至民國十三年十四家詩，則皆為廣西人詩作。今人曾德珪所編《粵西詞載》網羅清宣統三年以前廣西歷代詞作而成。以上所稱『粵西』，均屬史的稱謂。即便是當代學者面對廣西的歷史文化問題研究，仍有以『粵西』名之者，胡大雷《粵西文化與中華文化研究・前言》説：『之所以稱粵西文化而不稱廣西文化，則是出於我們的研究比較多地是注重文化史研究的考慮。』明清時期的廣東，有『粵中』『粤東』之稱。清乾隆時期范端昂輯撰的《粤中見聞》，是一部以廣東風物為記述内容的筆記散文。乾隆時期順德人温汝能纂輯《粤東詩海》，則以清代廣東省域為範圍，收錄廣東本土詩人之詩作。吴永光《粤東詩海·前言》指出清代廣東的政區範圍：『粤東，或稱東粤，以其地處古百粤之東，故有此稱。含今廣東省、海南省及廣西欽州地區。』

現代意義上的粤西，一般是地理、經濟、文化等的綜合指稱，包括湛江市、茂名市、陽江市、雲浮市及肇慶市和江門市的部分地區。《廣東省今古地名詞典》：『粤西，泛指廣東省西部地方，包括肇慶市、湛江市、茂名市及陽江市。』隨着改革開放四十年廣東經濟社會的發展，珠三角地區向外的逐漸輻射，粤西的指稱範圍相應地也在縮小，今通常指廣東西部四個地級市，即湛江、茂名、陽江、雲浮。四市於明清時期分屬於雷州府、高州府、肇慶府及羅定州，其中湛江市所轄地域在明清時期盡歸於高、雷二府，徐聞、海康、遂溪屬雷州府，廉江（石城）、吴川屬高州府。雷州府三縣位處雷州半島，是雷州文化孕育、發展的主體區域，與雷州府毗鄰的高州府是雷州文化的輻射區域。故將高、雷二府所包含的舊志作為『粤西府縣舊志叢書』整理的對象，叢書名稱中的『粤西』僅指今湛江、茂名二市。

粤西府縣舊志整理所依據的底本為《廣東歷代方志集成》之『雷州府部』『高州府部』所收編的舊志。『雷州府部』含本府縣舊志十一種，即《萬曆雷州府志》《康熙雷州府志》《嘉慶雷州府志》《康熙海康縣志》《嘉慶海康縣志》《民國海康縣志》《康熙遂溪縣志》《道光遂溪縣志》《康熙二十六年徐聞縣志》《康熙三十七年徐聞縣志》《宣統徐聞縣志》。『高州府部』含本府縣舊志三十五種，即《萬曆高州府志》《康熙高州府志》《乾隆高州府志》《道光高州府志》《光緒高州府志》《嘉慶茂名縣志》《光緒茂名縣志》《康熙二十六年茂名縣志》《康熙三十八年茂名縣志》《康熙十二年電白縣志》《康熙二十五年電白縣志》《道光電白縣志》《光緒電白縣志》《民國電白縣志稿》《康熙十三年信宜縣志》《康熙二十六年信宜縣志》《乾隆信宜縣志》《光緒信宜縣志》《康熙九年化州志》《康熙二十五年化州志》《乾隆化州志》《道光化州志》《光緒化州志》《康熙八年吳川縣志》《康熙二十六年吳川縣志》《雍正吳川縣志》《乾隆吳川縣志》《道光吳川縣志》《光緒吳川縣志》《康熙六年石城縣志》《康熙二十五年石城縣志》《康熙五十一年石城縣志》《嘉慶石城縣志》《光緒石城縣志》《民國石城縣志》。合高、雷府縣舊志總為四十六種，除其中少部分因版面字蹟漫滅不具備整理條件外，均納入叢書。

二、舊志整理——地域歷史文化研究的基礎工作

從人類發展史看，任何一個民族或族群，在求得自身生存、發展的歷史進程中，都必然依賴於某一特定的地理空間，在這一地理空間內繁衍生息，既接受大自然的賜予，適應特定的地理環境，又在一定程度上影響甚至改變着周圍的自然地理環境，這種雙向互動便產生各式各樣的、帶有人的影響印蹟的、物質性的或非物質性的形態，我們通常將這些形態稱作『文化』。一種生命體與其生存的環境發生互動是普遍存在的，並非僅有人類如此，但其他生命體與環境互動產生的結果都不能稱作『文化』，唯獨人與環

境互動的衍生物才是『文化』。或者也可以這樣說，『文化』是人類的特有屬性之一。這種對『文化』内涵所指的認定，是以人與自然的二元存在為觀照點的，更傾向於人的主體地位。常言道『一方水土養一方人』，這是立足於自然空間環境的説法，將人看作自然的一部分。因為一方水土並非只養一方人，還養育着這方水土上的其他生命體。一方水土上的人受一方水土的滋養，反過來一方水土也在一定程度上受到人的影響，這一方水土的人與這方水土的互動，便構成地方文化，或稱作區域文化。

中國幅員遼闊，民族衆多，各地有各地獨特的文化形態和文化生成脈絡。從较大地域空間而言，湛江地方特色文化屬嶺南文化的構成部分，而今廣東政區所屬又是嶺南文化孕育、生成、發展的最主要區域。在這一區域中，由於早期百越民族的外遷與不同歷史時期中原漢民族族群的南下，北方漢民族和嶺南百越民族或融合，或獨立發展，形成了多樣化的族群文化形態，這些不同形態的族群文化有着特定的存在空間，諸如廣府民系所代表的廣府文化主要分佈在珠三角地區、客家民系所代表的客家文化主要分佈在粤東北地區、潮汕民系所代表的潮汕文化主要分佈在粤東沿海的潮汕地區。今湛江政區所屬區域最具特色的文化形態被人們界定為『雷州文化』，而且『雷州文化』在一定話語層面被指稱為廣東四大地方文化板塊之一。然而，雷州文化是怎樣性質的地域文化，是否如同廣府文化、客家文化、潮汕文化一樣是主要基於三大漢族族群稱謂的文化類型，哪些方面的特質决定了它可與其他三大文化形態並列指稱，都缺乏必要而有力的註腳，常常給人以比附甚至是『攀附』的印象。再者，長期以來，官方話語和學術話語中，提起湛江的地域文化，往往籠統地以『雷州文化』概之，這種觀念所帶來的結果，一方面造成更廣大社會層面人們的誤讀，以為湛江的歷史文化就是雷州文化，連帶而來的是吳川、廉江兩地對雷州文化的排斥；另一方面，從事湛江地域文化研究的學者，多重視和傾向於雷州文化研究，而忽略了不能納入雷州文化圈層的廉江和吳川的地域文化，造成湛江地域文化發掘和研究上的不平衡局面。

之所以形成湛江地域文化話語中的諸多疑問（爭議），不少專家學者或地方文化人參與研究與闡釋地域文化，却似乎没有誰能說得更明白，也没有哪一家說得更令人信服。究其原因，最根本的是長期以來看似越來越多的地域文化研究成果，却僅僅是對部分舊有史料的反復使用和轉抄，對這部分被人們用熟了的材料轉換視角進行再闡釋和再使用，其結果就是無論文章還是著作，都給人似曾相識感。地域文化研究，並非純屬學術層面的基礎研究，而是一種綜合研究，是基礎性研究、闡釋性研究、傳承性研究、創新性轉化的應用研究的綜合。當下的湛江地域文化研究，僅僅停留在文化現象的闡釋性研究層面，基礎性研究不夠，闡釋性研究是片面的、缺乏整體性和客觀性的；缺乏和忽視傳承性研究與創新轉化研究，則失去了闡釋性研究的存在意義和價值。在基礎性研究、闡釋性研究、傳承性研究、應用性研究這一綜合研究體系中，所有研究都必然是從基礎研究做起。對於湛江而言，頭等重要的基礎性研究課題便是要弄清楚今日湛江政區範圍內，在歷史時期留下了怎樣的文化遺產，包括物質性文化遺產和非物質性文化遺產。這裏談到的文化遺產，是指今天仍見在的文化遺產，需要政府部門進行頂層設計，整合人力、物力資源進行全面普查。這是一項非常浩大的文化建設工程，涉及人的生存發展所旁及的一切方面，即留下甚麽就調研甚麽，並搜集、記錄、闡釋甚麽，最終以文字或圖片的形式將其固定下來，從而成為本土文化傳承後世的文獻源。地域文化研究的另一項基礎性研究工作，是要弄清中外各類文獻（主要是指歷史時期的文獻遺存）中究竟有哪些關於今日湛江政區範圍内的各方面文獻記載與文字呈現，並將其中所有相關文獻全部編輯出來，這就是湛江地方文化研究的文獻集成工作，進而利用現代技術手段將集成性湛江歷史文獻數字化，建立湛江地域文化研究文獻資料庫，為未來湛江地域文化的綜合研究提供第一手資料。

由以上表述可知，湛江地域文化研究的步驟是由基礎性研究到闡釋性研究、傳承性研究、應用轉化性研究層遞推進的。基礎性研究為後續研究提供第一手可信度强的文獻資源；闡釋性研究是對個體文化形態的認知研究；傳承性研究是對優秀的物質性和非物質性文化遺産的生態保護和傳承，使之血脈不斷；應用轉化性研究是在客觀認知和呈現文化遺産的前提下，進行基於個體文化遺産的現代創新和轉化研究，即歷史文化遺産的市場化運作，進入文化産業發展層面。

湛江地域文化的基礎性研究，包括『湛江地域歷史文化研究文獻集成與數字化』（湛江歷史文化研究文獻集成）和『湛江歷史文化遺産普查與數字化』兩大工程。粤西府縣舊志整理屬湛江地域歷史文化研究文獻集成的重要内容，也是最主要的部分。

三、舊志整理與區域文化研究的學科歸屬

區域歷史文化元素的發掘、整理、研究與傳承，前提是必須摸清特定區域內的歷史遺存，由歷史存在文化元素所屬的門類，結合現代學術研究的學科分類，提煉歸納出一個地方歷史文化研究方向。在物質性的歷史文化遺産中，紙質文獻相對是最豐富的，也是區域歷史文化研究最重要的依據。紙質文獻包括歷代地方舊志、方志以外歷代本土與外來人士的本土書寫、歷代地方譜類文獻、歷代地方碑刻、歷代正史及地理總志的本土史事人物載録等。其中，歷代地方舊志能相對最全面、最集中、最細緻地呈現一地經濟社會發展狀況。故地方歷史文化研究理應從方志整理做起。

就今湛江政區而言，其涉及的府縣舊志，雷州府所屬《雷州府志》三部、《海康縣志》三部、《遂溪縣志》兩部、《徐聞縣志》三部，高州府所屬《高州府志》五部、《吴川縣志》六部、《石城縣志》六部。雷州府部全部十一種及高州府部吴川、石城二縣十二種，是湛江本土府縣舊志，『高州府部』中的五種《高州府志》載録了吴川、石城史事，以上總計二十八種，是湛江歷史文化研究資料的直接來源。另外高州府所屬《茂名縣志》四部、《電白縣志》五部、《信宜縣志》四部、《化州志》五部，總十八種，是湛江歷史文化輻射最近區域遺存的志書。

今收編粵西高、雷二府舊志的大型叢書主要有三種：一是上海書店等三家出版社合作出版的《中國

地方志集成·廣東府縣志輯》；二是臺灣成文出版社所出《中國方志叢書》；三是嶺南美術出版社出版的《廣東歷代方志集成》。前二者體例相像，於每一府縣僅收編一種志書。如成文版《中國方志叢書》收編《萬曆雷州府志》《萬曆高州府志》《光緒吳川縣志》《民國石城縣志》《宣統徐聞縣志》《道光遂溪縣志》《康熙二十六年海康縣志》，大致均為一府一縣歷代志書中較有代表性或較為完善的一種。唯《廣東歷代方志集成》不擇巨細，收錄一府一縣傳世所有舊志，為舊志校勘和研究提供了極大的方便。以往湛江本土舊志整理已有部分成果，主要有劉世傑、彭潔瑩點校《萬曆雷州府志》，蔡平點校《道光遂溪縣志》，廉江市地方志辦公室點校《民國石城縣志》，廉江市志編纂委員會辦公室點校《光緒石城縣志》。上述數種舊志整理本，啓動整理方考慮到普及和使用方便，均採取簡體橫排形式。『粵西府縣舊志叢書』的整理編輯工作，對所有高、雷二府遺存府縣舊志進行全面整理，包括之前已經整理出版的部分舊志，採用繁體竪排形式，以更貼近古籍原貌。

提及地方歷史文化研究，人們想到的往往是一地之風俗、人物、民間藝術、獨特的景觀等，故常見的地方歷史文化研究成果大都呈現為幾個人物、幾種民俗、幾類藝術形式、幾處文化景觀的學術書寫或文化書寫。實際上，這與地方歷史文化元素發掘研究的要求是存在很大距離的。一地的歷史文化構成究竟有甚麼，在哪里，如何表述，最可靠的依據就是文獻的載錄。地方舊志是一地過去時代經濟社會發展狀況的真實記錄，是百科全書式的，它可成為地方歷史文化研究學科體系建構的重要依據。古代地方政區建置主要基於人口數量的盈縮、人口的民族構成而變化，政區沿革與歸屬的變遷是區域歷史文化研究的首要問題，它是地域文化得以孕生發展的地理空間。與區域政區沿革相伴的，是這一特定地理空間中人們賴以生存的自然環境，它包括陸海格局、氣候狀況、山川分佈等。舊志中的《縣圖》《圖經》《沿革》《星野》《氣候》《風候》《潮汐》《山川》等屬此，歸於歷史地理學的研究範疇。特定地理空間的物產是人們賴以生存的物質資源，保持物產充足和可持續發展，又需要相應的水利設施、防災減災設施建設，這就是舊志中呈現的《土產》《井泉》《陂塘》《堤岸》《珠海》《貨物》等門的記述，為地方農業史研究的資料來源。一方水土、一方物產養育一方人，從而形成特定地域的習俗，體現在舊志中即《習尚》《言語》《居處》《節序》等，是民俗學研究的對象。在『普天之下莫非王土，率土之濱莫非王臣』的時代，王朝必設官以分理天下，舊志中的《秩官》詳盡地載錄了一地各級官府的職官設置，是制度史研究的內容。『為官一方，造福於民』，歷來是王朝對地方官員的勸勉，也是方正官員的夙願。於民造福之事，體現在各種與民生相關的舉措中，舊志中《城池》《公署》《亭館》《坊表》《驛鋪》《橋渡》《塔宇》等相當於今之市政建設之屬，歸於《建置》一門。地方官員履行安民職事的同時，還須大力發展地方經濟，並代為王朝抽取，上繳賦稅，《戶役》或《食貨》揭示的是稅制問題，當為地方經濟史內容。經濟發展了，百姓安居樂業了，又需要對其施以教育，於是學校之建是必不可少的。舊志中的《學校》提供的是古代一地的教育史料。為確保一方平安，軍事防禦是必須的。粵西背山面海，既要防山賊，又須禦海寇，《兵防》一門提供的是古代的軍事史料。舊志中佔很大篇幅的是人物，具體分為《名宦》《流寓》《鄉賢》《勳烈》《貞女》等，是一地人物研究的重要文獻。《藝文》通常居舊志文本之末，為本土或異地官宦、文士、鄉賢等對當地的詩文書寫，既是開發地方旅遊資源的重要文獻依據，也是書寫一地文學史的重要研究文本。仍有《古蹟》《寺觀》《名僧》《壇廟》等，反映了一地的民間信仰和宗教信仰，是地方宗教等問題研究的基本材料。

四、粵西府縣舊志整理的路徑

粵西高、雷二府舊志整理工作分為兩個階段：

第一階段是將四十六種府縣舊志中凡具備整理條件的全部整理出來，作為『粵西府縣舊志叢書』的構成；第二階段是以整理本為基礎，將其中史料按現代學科視角分門別類，進行分類資料彙編。

本叢書編訂屬方志文獻的集成性工作，是分類資料彙編和地方文獻資料庫建設的基礎，故對整理對象不分内容粗細、篇幅大小、前後承襲狀況，均加以整理。整理方式為只分段、斷句、標點，而不校勘，文字忠實於底本，對底本明顯錯漏之處，一仍其舊，並以頁下注形式標示。舊志的斷句、標點工作，先雷州府部，後高州府部，先今湛江政區所屬各地舊志，後今茂名政區所屬各地舊志。

各舊志體例大同小異，名目不同，内容相類。各卷次排列及其所屬各門順序，始於《輿圖》，終於《藝文》。這一體制特點為舊志文獻的分類彙編提供了方便。同一府、縣不同時期舊志，後代志書對於前代志書内容多為承襲，補入前代志書所未涉及時間斷限中的史料。有的舊志編纂向後延伸到民國，有的只是至清代的某一個時期，如《石城縣志》和《海康縣志》都延及民國，而《遂溪縣志》僅修至清道光朝。舊志修纂和傳世狀況直接決定了府、縣史料的系統與否。資料的分類彙編，是將府、縣舊志中某一類型文獻編輯成卷，如《湛江舊志教育史料彙編》《湛江舊志海洋史料彙編》《湛江舊志文學史料彙編》《湛江舊志民俗史料彙編》等，以此作為地方歷史文化研究的課題選項和深層研究的依據。

本叢書的整理出版，得到湛江市文廣新局、廣東海洋大學科技處的大力支持，雷州市地方志辦公室、遂溪縣地方志辦公室在文獻資料上的支持也保證了整理工作的順利展開，出版方暨南大學出版社將本叢書列入其重點出版項目，亦是對整理工作的極大鼓勵。各舊志整理工作主要由廣東省雷州文化研究基地人員承擔，在先期文字錄入過程中得到廣東海洋大學文學與新聞傳播學院的學生幫助，在後期定稿時的技術處理上得到不少有關專家的指導，在此一併致以謝意。限於各種因素，雖然我們堅持以嚴謹審慎的態度對待舊志文本，並盡最大可能避免錯漏和斷句、標點問題，但仍然會存在這樣或那樣的不盡如人意之處，敬希讀者不吝指教，以便日後完善補正。

蔡　平

二〇一八年九月

『粤西府縣舊志叢書』凡例

一、今粤西湛江、茂名二市政區所轄，自古代至一九四九年前編纂之府志、縣志之刊刻本、鈔本等，均爲本叢書整理出版對象。一地而成於不同歷史時期之舊志，盡予收録，以明當地之沿革變遷與志書承續之脈絡。

二、所録志書不論容量大小，均按府、縣傳世志書獨立分卷。

三、各志書整理，概以尊重原著、保持原貌爲原則；原書之題記、序跋、圖版、註釋、引文等，悉予保留；不得不删減之重複者，保留原目，以明全貌；原書字蹟漫漶、缺損嚴重者，據本地其他志書同類内容補入，以求完備。

四、部分舊志目録與正文有異，均按正文釐定。圖版按原書所在位置排列，不作另行調整。

五、整理者按現行現代漢語規範對原書文字進行標點，一般不分段，原則上不作校勘，不出校記。原文明顯錯訛者保持原貌，以頁下註形式予以説明。原文使用的避諱字或缺筆字徑改，異體字一般不改，俗字均改爲通行的繁體字。

六、各書有版本不同者，均以工作底本爲基準作文字對勘；遇有内容較大差異者，擇其要者於『前言』中交代。

七、標點者所撰『前言』，主要交代編修者、修纂過程、内容、該書重要價值、整理工作情況，以及其他必要的説明等。

八、叢書採用繁體字竪排，原書用於敬稱、謙稱時之特定格式，均予取消。

九、各舊志原書在序跋、凡例、目録等的順序上多有不同，本叢書均釐爲統一格式。

十、各舊志整理本目録包括兩部分：一是叢書總序、叢書凡例、整理者前言；二是原書各構成要素。原書目録融入整理本目録中，不再重複。

前言

一

《康熙二十六年吴川縣志》，由吴川知縣李球隨纂修，多位縣邑官員、鄉紳共同參与並完成编纂工作。

李球隨，字依先，其知吴川县事之事蹟，自《康熙二十六年吴川縣志》始即有記載，其後雍正、乾隆、道光、光緒時期的《吴川縣志》也有對其大約相似的載録，均本自《康熙二十六年吴川縣志》。吴川縣屬高州府，高州府又隸屬廣東省，因而其略傳也見於乾隆、道光、光緒《高州府志》及道光《廣东通志》诸志书。从《吴川縣志·李球隨序》篇末署名來看：『時康熙丁卯歲孟夏之吉，知吴川縣事，洺州李球隨循齋父譔。』其中的洺州，指河北永年縣廣府鎮。又『李球隨，北直隸人，由難廕生。康熙二十五年十月十六日任』，可知他是直隸廣平府人（今河北邯鄲市永年區）。清制，因公殉職的文武官員，不论爵秩，例得有一子入國子監讀書，謂之『難廕生』。李球隨之所以成為難廕生進入仕途，乃因其父之故。他是李芳澂次子，『李芳澂，字銀槎，廣平人，由舉人知鄜州。王永强之乱，竭力据守城。城破，不屈，死。贈按察司僉事，予祭葬，廕一子入監』（雍正《畿輔通志·人物·忠節》）。李芳澂順治四年任鄜州知州。順治六年逆黨王永强攻打鄜州，他竭力据守三十余日，城破，罵賊不屈而死。因為忠烈，死後被賜為陝西布政使司參议，廕子入監讀書。廕子李球隨初任虞城知縣，於康熙二十五年十月十六日始任吴川知縣。

李球隨始任吴川，便邀集邑之諸賢紳士重修《吴川縣志》。由於有《康熙八年吴川縣志》作為基礎，又加衆人襄助，修志進度神速。『屈指計，客歲孟冬迄今半載間，未敢云撫字心勞，而催科實拙。國賦攸關，焦思何限，未獲片晷把筆，手爲編輯，不亦有慚黄君耶？……時康熙丁卯歲孟夏之吉，知吴川縣事，洺州李球隨循齋父譔』。縣志的修纂時間，自康熙二十五年十月開始統籌計劃，至康熙二十六年四月付梓，前後僅用了半年時間。始修縣志時，李球隨初到吴川，邑之公務繁忙，千頭萬緒。對於愛民的李球隨而言，向貧苦百姓催辦繳納賦稅尤其困難，但收繳貢税上交朝廷也是縣令的一項重要職責，二者互相矛盾，可又不得不這樣做，可以想見其面對的壓力及内心的焦慮。《吴川縣志》之纂修，正是在其處置政事的百忙之中開啓并完成的。

李球隨初到吴川即汲汲於重修縣志，主要原因有兩个。一是奉上憲意旨修志。清朝自努爾哈赤統一長城以北，順治皇帝滅大順、大西，至康熙三年而滅南明。康熙二十年平定三藩之亂，二十四年又擊敗沙俄侵略者，國内出現了空前穩定的局面。同前明相比，無論是政區、邊界，還是職官、户口、田賦、物産等，都有不同程度的變化。爲全面呈現國初宇内情勢，進一步加强健全國家治理，康熙二十五年三月，康熙帝下令編纂《大清一統志》，要求各督撫將本省通志重新修輯，以備修國史採擇。由上至下，督撫則檄令各縣修志，呈於州府，由知府上報。縣志之修，乃為編纂省通志和國史取材之需要。李球隨於縣志序言亦提及他急於修志是『備朝廷典籍之儲』的緣故。二是修志乃考核地方官員政績的一項重要指標，是流芳百世、彪炳千古之事。『苟年遠而不修，則事蹟失編，豈惟無以昭文獻之徵，而亦何以備朝廷典籍之儲乎？』縣志記録的是一縣的歷史和現狀，爲涖事官員治理地方提供參考與借鑑，也爲後人留下寶貴的文獻遺産。如果年代久遠不及時修纂，許多事件和人物便會隨時間之流逝而趨於湮没，既無法昭示文獻之徵，也無以備朝廷修史採擇之用。李球隨出身官宦世家，其家族稱得上『一門三進士』。其祖父李養志是萬曆甲辰科進士，巡按陝西，官廣東道監察御史，終大理寺左寺丞。李養志兄弟李養沖是萬曆三十五年進士，任池州府推官、兵部主事、宣府（今河北宣化）巡撫都御史。李養沖之侄李芳溏爲崇禎四年進士，任章丘、夏津知縣。李球隨之父李芳澂也是舉人出身。官宦世家，書香門第，受傳統儒家『三不朽』思想之影響，爲官一邑，興廢墜，修邑志，除爲應朝廷之需外，當也是李球隨情懷所系。

二

《康熙二十六年吳川縣志》體例簡潔，内容完備。四卷共十志，依次爲天經志、地紀志、王制志、文教志、官師志、民事志、人物志、武備志、藝文志、雜志。每志下又分細目，條目清晰，囊括政治、經濟、歷史、地理、教育、文化、風俗、物産、軍事等方面的記述。紀事翔實，考據詳明，史事及人物信實可靠，錯漏較少。康熙時期所修《吴川縣志》，有康熙八年和康熙二十六年兩種，前者爲知縣黄若香所修，簡稱『黄志』，後者稱『李志』。既然大致同屬康熙朝之縣志，人們會不自覺地將二者進行比較。『黄志』雖然在康熙八年成書，但於康熙十一年又做了修訂增補，因此其紀年截至康熙十二年。『李志』最大的特點，是在此基礎上續補了十五年史事，紀年截至康熙二十六年。李球隨認為是增修了十九年的記録，『予奉命尹兹海邦，覽邑志，即以十九載之闕畧爲憾』。大約他當時看到的『黄志』是康熙八年的版本。誠然，『李志』承襲了『黄志』的體例、卷次、序目，從前朝到康熙十二年的内容與『黄志』重複，但絶不雷同。相反，『李志』對『黄志』除了增修以外，還查缺補漏，做了多處修訂，從而豐富並完善了『黄志』，成爲康熙時期《吴川縣志》的代表之作。

（二）增補邑史

方志記録一地疆域、建置、典章之沿革，政令之興廢，賦税之徵收，官員之升遷，民風民俗等狀況，不可斷載。尤其在朝廷下詔編纂《大清一統志》，要求所轄各級政區上獻地方志以供採擇的背景下，方志的增修成爲各級地方官員的重要職責。朝廷更需要的是各地現狀資料和數據，『展誦檄文，功切問者，山川形勢、風俗人物、戶口丁徭』。因此，『李志』做的增補工作側重從上述諸端以補充。

自山川形勢而言，『李志』在志序後增加了《輿圖説》，文末署名爲『時康熙二十三年甲子夏五月，貢生林震煜奉上敬撰』，『奉上』，説明是奉朝廷的旨意而作。《輿圖説》依据所附《吴川縣圖》，以文字概述了吴川的建置沿革、封域、形勢、城池、山川、橋梁、市鎮、津渡、亭臺、古蹟、軍政、武備等，是重修吴川志的重要部分。

『李志』在《王制志》下的『恤政』，《官師志》下的『職官』，《民事志》下的『屯田』『里甲』『婦女』，《人物志》下的『歲貢』『貞節』『隱德鄉賓』，《武備志》下的『軍政』『營寨』，《雜志》下的『災異』諸門續補了康熙十三年至二十六年吴川史事。《藝文志》下的『譔記』增加了康熙二十三年吴川知縣秦松如撰寫的《吴川縣重修學記》。『題詠』部分增加了四首詩，《望海·次韻高州知府王際有》《望海·吴川縣令李球隨》，敖瓛《秦邑侯新葺内堂落成賦贈》、林震煜《次韻》。

（二）查缺補漏

『李志』還對『黄志』做了查缺補漏，彌補其不足之處。補漏最多的是《藝文志》『題詠』部分，查補明代多首遺漏詩作。分别爲明弘治時期三甲進士林廷瓛《題特思山》《寄奉陳白沙先生》《留别陳學之地官》《喜治中門人王瓚中榜眼》四首，明宗室益王朱慈爥《秋八月重過吴川與諸生小集吴氏盧賦詩寫懷》一首，明眞儒陳白沙《林永贊》、進士倫以諒《林廷瓛贊》、布政陳羅江《林廷璋贊》、尚書王弘誨《林秉全贊》各一首。

完善。

（三）修訂完善

『李志』對『黄志』也做了修訂的工作，使其條理更加清晰，錯漏更少，主要圍繞以下兩方面進行完善。

一是對部分内容進行了順序和歸屬的調整。如『序言』部分，『黄志』排版順序是黄若香《序》（作於康熙八年仲夏）、黄雲史《序》（作於康熙十二年仲春）、樊玉衡《序》（作於萬曆二十八年孟夏）、周應鰲《序》（作於萬曆二十八年孟夏）、蔣應泰《序》（作於康熙八年仲夏），除第一篇要突出現任纂修者的序言外，其餘排序在時間上顯得有些混亂。『李志』則按照時間順序排列，糾正了明顯的錯亂，改爲李球隨《序》、樊玉衡《序》、周應鰲《序》、蔣應泰《序》、黄若香《序》、黄雲史《序》。又如，『黄志』把三位明代吴川籍名人所獲得朝廷的勑命《附刻林廷瓛勑命四道》和《附刻吴鼎泰勑命四道》置於《人物志》下『封贈』中，而『封贈』又没有對此三人的封贈介紹，僅附録在其他人的封贈説明後面，顯得突兀。『李志』將其歸至《藝文志》下『譔記』部分。『勑命』屬於一種應用公文文體，歸於《藝文志》更爲妥當。

二是精嚴詳核，更正『黄志』文字上的錯漏，填補缺佚。『李志』精嚴審慎，在校覆時詳審『黄志』文本，盡量糾正錯字、減少佚字。甚至在雕板時，若發現錯字，即時於板片上校正，標注顯示。糾正錯字，如《雙峰塔記》中『侯名應鰲，周姓，字如春，别號章南，江右吉州之泰和人』，『李志』用『泰』，『黄志』用『桼』，明顯『黄志』爲誤。又如《明勑封文林郎兩淮運使暨元配封孺人李氏合塟墓志銘》

中『公嘗兄弟於父母之側，志養色嬉，逮二親終者』，『親』字『黃志』用『靚』，也是錯字。針對『黃志』中的佚字，『李志』詳細考辨，將其補充。如『黃志』《明□封文林郎兩淮運使暨元配封孺人李氏合塟墓志銘》有多處佚字，『□乙酉，余奉命嶺西』『孰與軒室侍□日上甘煐爲為娱』『東明龍泉謂保土字□稱職業足矣』，『李志』分别補入『勑』『歲』『膝』『盷』諸字。

三

《吴川縣志》之修纂自明代始，李球隨重修縣志時做過考證，『吴陽舊有志，弗傳。傳於前涖吴之泰和周侯。後六七十年，蜀閬黃君撫兹土而重修之』。過去吴川縣治在今天的吴陽鎮。相傳吴川城『城之，自成化戊戌陶公魯爲植，陳白沙先生記之，而故有志不傳』，説明吴川史自明代成化時期就有記録了，但是没能流傳下來。

被公認爲第一本、有明確詳細記載的《吴川縣志》是明萬曆二十八年江西吉州人吴川縣令周應鰲修撰的，簡稱『周志』，共十卷，『手自拮据，始星野，終災祥，凡十卷，將付剞劂』。周應鰲對《吴川縣志》有開創之功。這部縣志於清康熙八年、康熙二十六年陸續修訂《吴川縣志》時還存留在世。康熙八年，吴川縣令黃若香所修縣志是以『周志』爲基礎，『發揮周令公之遺意，而掇拾其事，採輯其文，類編成帙』。當時，縣邑學生請求黃若香續修縣志，『邑子彭生毓祥始以藏編示予曰：「此吴初志也。侯其緣故而鼎新與。」』。『吴初志』，即『周志』，可惜它在纂輯《雍正吴川縣志》時已經亡佚。雍正時吴川縣令盛熙祚於《志序》中提到，修志時，『周志』和『黄志』已佚：『相傳昉於前令泰和周公章南，修之者閩中黄公碧生，然皆不可得而見。』

據《中國地方志聯合目録》，現存《吴川縣志》共五種，現已全部收入《廣東歷代方志集成》，它是收編《吴川縣志》最全的叢書。《中國地方志集成》第四十二輯和臺灣成文出版社出版的《中國地方志叢書》僅收録了《光緒吴川縣志》。這五種分别爲康熙八年黄若香修、吴士望纂的《吴川縣志》；康熙二十六年李球隨修纂的《吴川縣志》；雍正九年盛熙祚、章國禄修纂的《吴川縣志》；乾隆五十五年沈峻修纂的《吴川縣志》；道光五年李高魁、葉載文修，林雯泰纂的《吴川縣志》；光緒十四年毛昌善修、陳蘭彬纂的《吴川縣志》。鑒於以上五種點校本都在此次的出版系列之内，爲了避免重複，僅介紹前面兩種，突出二者之間的聯係，其餘兹不贅述。

康熙八年，吴川縣令黄若香續修了《吴川縣志》。此時距離『周志』已經過了六七十年，天下已經改朝换代，從明朝到了清朝，發生了翻天覆地的變化，人文節義也經歷了滄海桑田，增補縣志勢在必行，黄若香率領縣學諸生修纂縣志。至康熙十二年，由於有『復蒙上命有大修《大清一統志》之役』，朝廷要編寫《大清一統志》，檄令各省郡縣上繳方志匯總以備採輯。黄縣令唯恐之前所修的縣志未盡周詳，於是又對縣志進行了修訂和增補，共四卷，『予復以昔日所修者，詳加纂輯，删繁增要，綜核備至，寧質不文』。書成之後由高州知事黄雲史作序，康熙十八年吴川知縣王如恒作《黄志跋》。上文提到『黄志』在雍正時期吴川縣令盛熙祚的序言里已佚，但其實没有失傳，在《廣東歷代方志集成》輯有《康熙八年吴川縣志》。

至康熙二十六年，縣令李球隨在『黄志』的基礎上又增補了吴川十九年之史事，四卷共十志。該志是對『黄志』的完善，也涵蓋了萬曆時期『周志』的内容，儼然成爲康熙時期《吴川縣志》的代表之作，存世流傳，『猶幸序記緣起之文尚存，則今之傳者洛州李君所纂輯者也』。根據《中國地方志聯合目録》，『李志』有康熙二十六年刻本和抄本兩種。二〇〇六年十月，由嶺南美術出版社出版、廣东省地方史志辦公室編輯《廣东歷代方志集成·高州府部（二）》收録康熙八年、康熙二十六年、雍正、乾隆《吴川縣志》，其中《康熙二十六年吴川縣志》依據的是康熙二十六年所修抄本，据廣東省立中山圖書館藏本影印。該影印本字體清晰，完整度較好，較少缺漏，最嚴重的僅『古序』缺一頁，因而本次點校以此为底本，以康熙八年、雍正、乾隆、道光、光緒《吴川縣志》涵蓋康熙時期的内容爲參校本。

李球隨爲任吴川縣令期間，除主持編修縣志以外，還心繫民生，關愛百姓，積極奔走，爲百姓請命，是造福一方的地方官。上文提到他爲朝廷催收繳納賦税，縣志還寫到他的政績：『二十六年丁卯二月，新任縣令李公，諱球隨，目擊民逃，田荒積欠纍萬，單騎詣肇、詣省，痛陳民隱。蒙各憲洪慈，停催十八年至二十四年未完錢糧，德重如山，恩深似海，真是吴民九死一生之會也。已歸者樂業安耕，未歸者聞風嚮化，將拭目俟之。』從康熙十四年到二十年前後，天災人禍連年不斷，吴川百姓遭遇重創，民不聊生。其間高雷廉總鎮祖澤清叛變，海寇侵扰，乘機搶掠，颶風大作，連年瘟疫流行，大量人口死亡，存活的人也到處逃難。在這種情形下，許多田地荒棄，因而也欠下田賦纍萬，百姓自是不敢回歸家園。李球隨疼惜百姓，親自造訪府省臺官員，痛陳民隱，准予停徵六年未完的田賦。他爲百姓爭取如此大的福祉，爲百姓安居樂業鋪墊了基礎，真是恩深似海，於吳民有再造之功。

李球隨富有才華，文采斐然，爲吳川留下了一首贊美大海的詩：『茫茫無際見瀴溟，急浪飛催市舶輕。萬斛潮來噴粒雪，片帆高去佛天星。螭龍出没隨波舞，鵁鶄蹁躚傍嶼鳴。北闕久歌清晏曲，硇洲四望慶昇平。』（《望海》）該詩描繪了大海的廣闊無垠、波濤洶湧。大海深處，螭龍般的海獸隨着浪花起伏，各類海鳥圍繞海中的島嶼展翅飛翔。在風急浪高的茫茫海面，行駛着如同天上點點繁星般的船隻，它們是往來進行海上貿易的商船。商船的繁忙，説明海寇已被蕩平，海上歸於平靜，航運發達，經濟復蘇，臻至富庶。這幅美景僅從吳川海上作爲一個視角，以小見大，象徵着在康熙時期的太平盛世下，海晏河清，九州太平。當中也蘊含了詩人如大海般廣闊的胸襟和美好的政治理想，他希望國富民强，百姓能安享盛世的光澤。心懷天下蒼生的父母官，在治理地方時怎能不畢其心力爲百姓做實事呢！自然不難理解他在任上主動爲民造福的舉動。

參與《康熙二十六年吳川县志》纂修工作的，除李球隨外，儒學教諭郭斌、訓導廖緒耀負責參訂，貢生林廼熠、李孫虬等二十三位縣學諸生參與分校。教諭郭斌，『南海人，由歲貢。康熙二十一年任。冰清玉潔，恬澹無求，經史淹通，循循善誘。康熙二十六年同修邑志』。訓導廖緒耀，『瓊州文昌人，由歲貢。康熙二十六年三月二十八任。同修邑志』。參與分校的均爲吳川人，而且是府學、縣學生員，文化素質普遍較高。當中有五人既參與了康熙八年修纂縣志的分校工作，又參加了此次修志的分校。他們分別爲林廼熠、李孫虬、林間挺、林震煜、吳仲超。林廼熠，『壬午歲貢。順治十四年，奉上旌獎尚義』。林間挺，『順治十四年，奉旨旌獎尚義給扁，案存當年收埋枯骨義塚，立在壇地外邊嶺之東』。林震煜，縣志的《輿圖說》爲他撰寫。當初是他們鼓勵知縣黃若香編修縣志，並主動請纓承擔任務，這次的志書修纂他們也是義不容辭。由於有前次修志的經驗，其他生員在李知縣、教諭郭斌、訓導廖緒耀的帶動下，志書編纂自然事半功倍，這也是其較快完成的原因之一。

鍾嘉芳　二〇二二年九月

目録

重修吳川縣志序（李球隨）〔二〕

邑乘將以垂遠也，然有所作於前，不可無所繼於後。苟年遠而不修，則事蹟失編，豈惟無以昭文獻之徵，而亦何以備朝廷典籍之儲乎。吳陽舊有志，弗傳，傳於前蒞吳之泰和周侯。後六七十年，蜀閬黃君撫茲土而重修之。是二公者，一以剏始為功，一以增修為任，固彰彰哉。然自今遡黃君所修日，尚未及黃與周相去年數之半。而其間時日遞更，亦幾廿載，詎無逸事。矧聖天子撫有萬方，用昭一統，彙群誌以備採擇，而可不復為增綴耶。予奉命尹茲海邦，覽邑誌，即以十九載之闕畧為憾。作竊比黃君之想，而時以簿書未遑，付諸邑之賢紳士共成之。屈指計，客歲孟冬，迄今半載間，未敢云撫字心勞，而催科實拙，國賦攸關，焦思何限，未獲片晷把筆，手為編輯，不亦有慚黃君耶？是用以為弁言。時康熙丁卯歲孟夏之吉，知吳川縣事洺州李球隨循齋父譔。

〔二〕此為整理者補，後文序之作者署名亦如此。

重修吳川縣志姓氏

知縣事洺州李球隨循齋父　纂修

儒學教諭僊城郭　斌憲邦父

訓導辛山廖緒耀牧受父　叅訂

貢生林迺熖山宗父

李孫虬猶龍父

林問挺篤生父

林震煜肅子父

梁挺芳亶佳父

吳仲超邵倫父

林震乾健子父

生員林魁英殿伯甫

李芍苞果瓊甫

林中松碧修甫
吳匡世翼我甫
吳士灝予程甫
李作舟巨翼甫
林魁彦傑伯甫
吳載錫受章甫
林其翰飛濤甫
林中檜孔修甫
吳騰雲翔千甫
李冲漢為章甫
吳觀韶持珍甫
林其斐衛思甫
林其芹爾采甫
梁麗觀潤宇甫　分校

吳川縣志古序（樊玉衡）

吳川距海不三里，故未有城。城之，自成化戊戌陶公魯為植，陳白沙先生記之，而故有志不傳。即傳，當亦踈畧牴牾，於後嗣何觀。志之自今勲部泰和周侯。侯，故革除純臣文烈公是修之仍孫，生穎異，有祖風，弱冠舉其鄉，乙酉丙戌即成進士，筮令丹陽。丹陽於天下為劇，侯治之，若習於丹陽也者。未期年，以最調吳縣。吳視丹陽更為劇，侯治之，又若習於吳也者，於是海內嘖嘖，推侯治平第一，積薦剡至數十餘，積首薦至十餘，而遂入即〔二〕吏部司勲。無何，以他事波及，中含沙之口，竟補外。侯杜德山澤五載，逼太夫人命赼就選，又竟籤得吳川。

吳川，海上一大聚落耳。名為縣，實則鄙也，視吳丹陽不啻百一，而顧賦未有程，役未有經，奸宄未有禁，寇賊未有防，倚賈未有歸，譽髦之士未有造，其眎吳、丹陽，亦不啻什一。乃侯不以鄙視吳川，而以吳、丹陽視吳川，宵治簿書，訓其子伊吾至丙夜，日宴坐堂，皇吏捧牘貫魚，進食須罷，兩造片言立剖，邑中無聲，四境稱為道不拾遺。諸所杷梳劇剔，一無吳川以前數百千年之所有。而其大指在興學

〔二〕據《康熙八年吳川縣志》，當為『郎』。

育才，亟得人為縣官用，如學田、文峯塔、江陽書院之類，成不淹月，而人不告勞，則又一有吳川以後數百千年之所無。侯之於吳川亦以勤矣。政成行報最，朝夕待——而猶手自削牘，勒成茲至〔二〕，凡十卷。

余不佞，適放海上，嘗偻行訪侯天曹行署。侯介其邑人都閫錢君海，孝廉吳君廷彥，諸生吳夢顏、林學行、林懋績，儼然問序不佞。不佞曰：『爾君侯既以舉吳川而卓魯之矣，其又將卓魯後之為吳川者於無窮哉。夫法施於一己易，使人人師吾法難。澤被於一時易，使世世溉吾澤難。楚子文三仕為令尹，而舊政必以告新夫子忠之，蓋其所存者卓也。顧子文能告於其新之所及，而不能告於新之所不及，君子猶遺憾焉。今侯既以身闢吳川，而又手創斯志，以為所不知之後令告，此其為子文不既大乎？藉令夫子而在，即以仁許侯可也。』吳川國於天地，而自侯始有立與始有傳，陶之築、陳之記，於茲志三矣。余往歲侍殿中，與聞侯吳、丹陽之政藉甚，而茲且行墟里中，目擊侯於吳川愈益甚，故不辭而樂為之序。如此其有以吳、丹陽之舊一二附者，非以駢枝。侯要於嗣，侯而卓魯者，有厚望焉。雖然故非侯意也，二君子與諸生意也。

時萬曆庚子歲孟夏之吉，賜癸未進士第前監察御史建言國本編管雷陽黄岡樊玉衡謹序。

〔二〕疑為『志』之誤。

吴川縣志古序（周應鰲）

不佞往起家縣官，謬推擇郎吏部。愚不任，毁以波及，外補吴川。吴川不當橐所筮丹陽、吴什一，而故斗入海絶遠。高凉俗輕剽椎埋，民不知有官吏，各以意自為法，上下羯羠。雖邑自隋以來列職乎，然固初縣也。予不佞，罔敢鄙彝。初視之，以丹陽、吴從事。比三年，而廢頗興，墜頗舉，奸宄頗戢，人民頗漸興起，以得肩於電、茂、石、信間，幸及考績以稱。一日，吏民上顧電、茂、石、信各有志，而邑獨無，間求之故府，佚久矣。於是，不佞復忘其椎乎。自拮据，始星野，終灾祥，凡十卷，將付剞劂，乃作而言曰：世稱州縣吏徒勞無為者，顧予嘗三為令，而今乃知為之不易也。夫丹陽、吴劇矣，品式具而難為守。吴川渺矣，法紀踈而難為創。予丹陽之治治吴，合者什八。以丹陽、吴之治治吴川，離者什九。因其離而任之，則不勝馳。求其合而强之，則不勝張。將以守為創，則紛更之患作。抑以創為守，則因遁之弊滋。譬之奕然，局屢變而法不必同。譬之醫然，證相疑而方不可執。要於風俗自移，而耳目無駭焉耳矣。予不佞，其何狀及此？顧嘗一不勝而股幾折，其能無志於斯乎？兹志亦所以志也，上自天經地紀，下及人民物産，一仍掌故之舊，而惟利害興除，所有志焉，而未之逮者，稍稍附見其間。

世不察其以予不佞，為自功而多之乎哉，則過矣。雖然，椎輪非大輅之質，而輿衛生焉。蕢桴非簫箾之響，而均度出焉。斧衮始於踈練，傾官肇於巢枝。後有作者，不以予不佞之無當，而緣餙潤色之，其於吳川尚庶幾乎，惟實與一二有藉焉。予不佞，其又何敢避不作，而辭不文為。若曰彈丸邑無所事事而託於筆札，以文其寂而掩其陋，則偏記短部何幽遐蔑有，而必以翰墨勲績也，非予志也已。

時萬曆庚子歲孟夏之吉，江右吉州周應鰲如春父譔。

前修吳川縣志姓氏

知縣事　吉州周應鰲如春父　纂修
前御史　黃岡樊玉衡以齊父　校正
縣丞李慎思
署學事化州訓導張守約
吳川學訓導謝夢豹
邑舉人吳廷彥
選貢李　旻
韓悅思
生員吳夢顔　林學行
李仲煇　王　蛟
林有譽　吳紹鄒
李　昺　黃大擢

陳紹選　王　貂

楊一英　李惟標

麥　峻　李兆龍

吳光裕　陳帝詔

陳在宸　張元志　分校

吴川縣志序（蔣應泰）

古稱三不朽業，功德外，立言尚矣。學士大夫，服官蒞政，興利袪弊，不能取舊章而釐正潤色之，於治道奚裨？增修郡志，余為先六屬而總緝也。付鐫，肇戊申冬，越春夏告竣，窣觀厥成，均有望古遥集先民是式之思。一日，吴川黄令持縣志請序曰：『郡志成矣，如邑乘何職責也？若網在綱，有條不紊，大綱舉而節目未張，是何異於觀海若而罔溯百川也？』余曰：『嘻！志異從同，志分從合，郡縣雖別，而同條共貫，源流歸一也。』先是，吴川海上一大聚落也，未城，城之。成化戊戌中，陶之築，陳之記，有志不傳。繼萬曆庚子周令聿新厥志而為三，嗚呼都哉，莫為之前，雖美弗彰。莫為之後，雖盛弗傳。周後七十年來，邑志一散於鼎革，再佚於遷拆。不有纂輯其人，光賛前烈，微論大者，天經地紀，諸類無由衷，次而人物風土節槩無由悉，而文獻不足，邑非其邑，氣運隨之滋薄，善作不必善成，統將安歸？兹志成而補偏救敝，古道猶存，人心風俗當不與世代而俱湮。識者知其邑將興也，立言為不朽業，郡志得，吴志而益彰矣。

時康熙八年己酉仲夏，中憲大夫知高州府事古燕蔣應泰撰。

重修吳川縣志姓氏

知縣事蜀閬黄若香碧生父　纂修

儒學穗城陳龍光雲夫父　校正

邑舉人吳士望渭韜父　參訂

貢生吳夢伯長西父

陳春第賓廷父

龍正伸際飛父

林廼熖山宗父

吳鼎熒理衢父

梁挺秀稟佳父

彭毓祥吉臣父

廩生李孫虬猶龍甫

林間挺篤生甫

吳遂令直甫

林震煜肅子甫

吳仲超邵倫甫　分校

吳川縣志序（黃若香）

志吳志者誰？廬陵周公應鰲也。公飲吳水者三年，吏行水上，人在鏡中。凡吳之天經地紀、風俗山川，靡不周知，宜乎其考之詳而志之博已。夫何癸巳之役，祝融為難，遂失其傳。邑子彭生毓祥始以藏編示予曰：『此吳初志也，俟其緣故而鼎新與。』予謝曰不敏。彭子同孝廉吳君士望，明經吳君夢伯、陳君春第、林君廼熠、吳君鼎燚、龍君正伸、梁君挺秀，黌士李孫虬、林間挺、林玉瑩、吳遂、林震煜、吳仲超等，額手於予曰：『吳陽雖陋，列於職方，我侯奉揚聖天子休命，尹茲海邦社稷，人民尚其徼惠，不靳筆削以為邑乘光，吳民且世世比於龜玉焉。』予又謝曰：『不敏雖然亦既飲吳之水矣，周公之澤去今二世，考其遺跡，靡不具舉。獨是釐剔賦役利弊，纖悉有造於吳。今昔不同，沿革遞變，凡可舉行不憚，何規曹守焉。他如里役絲棼，杼柚已竭，一切裁省，大率以便民為第一。夫民為邦本，本固邦寧，如徒此利彼病，漠不關心，則以秦越人肥瘠視吳民也，胡志之修？況我皇上冲睿柄政，日昃不遑，兢兢於天心修救，耑務愛民，以迎天庥。我藩督、撫提、諸憲司尤急急于子惠兆民，唯恐旦夕之不即安衽席。今日之志，首在求民之莫矣。其他興廢舉墜，存乎其人，予不敢必，惟有心周公之心，志周公之志，與二三君子損益變通而謀壽剞劂焉耳。如其執是而課魯山中牟之蹟，是知經而不知權，知常而不知變者也。變通宜民之術，端有望於後之繼守是邦者。』

時康熙歲在己酉仲夏上浣之吉，文林郎知吳川縣事蜀閬黃若香書於靜山堂。

吳川縣志序（黄雲史）

吳川舊雖有志而弗傳，傳之自萬曆庚子周侯始，樊公玉衡序之詳矣。夫高州一郡在幅員之内，不幾斗大，而吳川居六之一，其為寬廣又何如哉！周侯兩試繁劇，入居動部，出宰斯邑，宜其綽有餘裕而為是舉也。侯以後迄今，復六七十年。其間，饑饉荐及，兵燹頻仍，且屢屢矣。鷄犬人民罹於喪亂，城頭屋角披自荆榛，又何有於志？當今成平日久，百廢具舉，既有作於前，必有繼其後。黄令手輯是編，此蓋不容或緩者。書成於己酉夏月，迨壬子冬。今上因輔臣請，廣搜群籍，用昭一統，下令各省郡縣增修乘誌，以備採擇。令猶懼前此之未盡周詳，不足以應也。重加較讐，略者補之，疑者闕之。嗟乎！吳川一志雖肇自周侯，不幾泯滅。今博求聞見，廣詢都人，緣舊鼎新，既昭文獻於足徵矣，而又自周侯以後增綴其六七十年間逸事，豈易言哉？此令所以鄭重而再三竄易歟。兹且繕寫一册，前質於余。余因拜手颺言曰：『方今四海九州，罔有内外，悉主悉臣，教化行而刑罰措，禮樂興而政事舉，雍雍在上，肅肅在下，何莫非唐虞之致治乎？古者紀事有史，山川有籍，絶事之書，史官掌之。山川版圖，隸於大司徒，專其職守。伏覩我皇上大寶初授，遂命臣工纂修實録，典禮告成，藏諸内府矣。惟是編年紀事之書，以宏觀覽。則吳川雖蕞爾一邑，苟非志載修明，亦烏以備纂裁而垂永遠哉。此令之所以重有是役也。雖然，惟以垂弈世而光千載。其京畿以外，金湯以內，山川形勢，土俗民風，行將彙為一書，儲之外府，《書》有曰：「惟乃知民德亦罔，不能厥初，惟其終。祗若茲，往敬用治。」余竊為令誦之。』

時康熙十有二年歲次癸丑仲春，知高州事毘陵黃雲史撰。

吳川，古百粵地，唐虞三代皆未隸職方。秦平百粵，置桂林、南海、象三郡，吳川與雷州接壤，則屬象郡。自漢至唐，屢多沿革。宋太平改辨州為化州，吳川縣屬之。明洪武，降化州為化縣，與吳川均屬高州。十九年，陞高州為府，化縣為州，於是州屬府，縣亦屬府。我朝仍之，不改焉。縣治三川環帶，因其逼於吳姓，而冠之以吳也。向無城池。明洪武間，乃立寧川所，築以土城。永樂元年，始易以磚。成化間，改砌巨磚，開壕，設四門：東曰鎮海，西曰延華，南曰永和，北曰朝天。至萬曆間，新闢小西門以納水，秀名曰通川，為五門矣。然而鎮海一門逼海，居行者少，故閉不開，則依然四門也。城則周圍五百八十丈，高一丈八尺，厚一丈二尺。東至海五里，東北至茂名分界二十里，西至化州界四十里，西南至石城分界四十里，南至限門二十里，至硇州一百四十里。東西相距八十里，南北相距一百七十里，環疆三百餘里。其山之在城以內者，蓬高為八景之一，高不過四丈，大不過半里。城外南一里有學案山，與此山朝對，亦高大無幾，故志不及載也。城東三里為文翁嶺，高三十丈，周圍一里。又雙嶺，高二十五丈，周圍一里，與文翁並峙，為城之後樂山。城北二十五里为高嶺，高四丈，周圍一里。西比〔二〕四里為招義嶺，高五丈，周圍一里。四十里為南寞山，與招義相等。稍西四十里為麗山，高三十五丈，周圍二里許，為八景之麗山樵唱，其峯員靜如金，故麗之。二十里為近信山。西五十里為犄〔三〕思山，高百丈有奇，周圍五里，諸峯未有並者，故稱犄思焉。六十里為三台山，他處望之如寶，蓋三台為犄思所壓，城眺弗見，志故署之。西南八十里為犄呈山，形圓而小，勢從遂溪平落嶺而來，拱於縣南，青秀聳起。上原有温通閣，明解縉詠有『風送潮聲平落去，雨將山色犄呈來』之句。北有茂暉場近焉，今閣與場俱圮，而場官移在城中矣。又一百三十里為馬鞍山，海中突起，形如馬鞍，其地最為險要。南三十二里為飛雪山，在限門之右，蓋限門飛雪，亦八景之一也。東南四里為白象山，皆細沙堆結，高十五丈，而縣龍發祖則自比二百餘里，在電白境內，名浮山者。昔人傳為堯時洪水不没，高不啻三百丈，落為平陽，去縣已遠，故邑乘不及詳。其海水繞縣之東，上由陽、電，下抵雷、瓊，一望無際，惟一線通入。限門潮汐日至，朔望最稱洋溢。江水則三支，令在梅菉一支，從浮山之麓發源，一支從信宜發源，一支從粵西博陸發源，皆由梅菉。繞縣治之西名吳水者，出限門而納諸海。其西有三川，一則自山墟而來，會於吳水。一則有慱棹江而來，會於吳水。一則自塘㙮歷平城江而來，會於吳水。而後總歸限門以出。而限

〔二〕疑為『北』之誤，本頁『比』同。
〔三〕疑為『特』之誤，下文『犄思』『犄呈』同。

門以內又有上下二滘，潮乾則絶流，潮長則通於五里港、新場海、廣州灣與硇州也。其泉水惟縣比〔二〕二里有龍母井，極旱而泉不竭，往往祈雨立應，邑人立龍母廟禱祀之。其古蹟則翔龍縣，在硇州，宋帝昺即位於此，而陸秀夫、張世傑咸在焉。原設有翔龍書院，以興學校，今皆圮。古羅州在縣西北一百一十里，係前宋鎮南將軍檀道濟所築，有城，今圮。其寺廟多建自明季，無甚勝觀。而北門外之觀音堂，水口渡之三官堂，白沙渡之興龍寺，金蓮、真如二菴，亦遊人高士之所寄跡也。至於市鎮，則梅菉為下四府輻輳之區，近緣海，寇而不可問矣。芷芌枕限門，為洋貨所集，緣奉遷而鳥獸散矣。塘墩在化吳石之交，歸市者亦衆。然而青箬裹鹽，緑荷包飯，殊不足觀矣。關則限門一榷，舊頗稱饒，今已廢。津則有水口渡、南巢渡、川滘渡、林公渡、公子渡、白沙渡、烏坭渡。船惟一葉，僅容數人。橋樑則城中有延華橋，城北四里有通駟橋，城南芷芌有躍龍橋，城西拾伍里有唐禄〔三〕橋，二十里有官橋、淺水橋，三十里有平定橋。而亭臺則城之西南里許有極浦亭，宋丞相陳宜中過之有題詠焉。城南三里有演武亭，為操練士卒而設也。限門內東三里有雙峯塔，高七級，因水自西北隨來龍至縣，直趨於海，從順流處建之，為一郡砥柱。邑中原無設驛，而水路要害，則限門東西兩砲臺，原有水寨兵丁防守。順治年間，又添設水師營於芷芌以鎮之，旋遷而廢。今設兵船十隻，在限門防守。寧川所即附縣治之內。謹依圖以為之說。

時康熙二十三年甲子夏五月，貢生林震煜奉上敬撰。

〔二〕 疑為「北」之誤。

〔三〕 「唐禄」，應為「塘禄」。下同。

山水圖

吳川縣志　圖　二十四

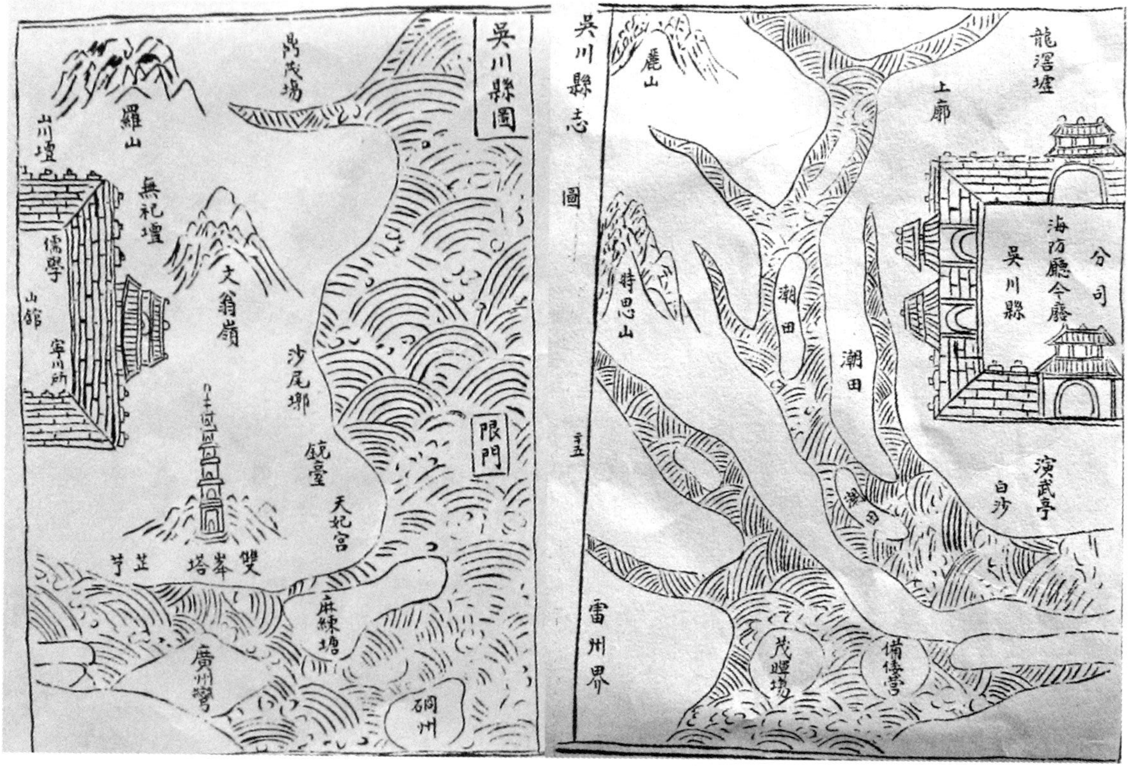
吳川縣圖
昂茂場
羅山
山川壇
無祀壇
儒學
山館
寧川所
文翁嶺
沙尾埠
銳臺
限門
天妃宮
雙峯塔
芷芋
麻練塘
廣州灣
硇州
吳川縣志
圖
五
雷州界
麗山
特思山
潮田
潮田
潮田
龍湣壇
上廓
海防廳
吳川縣
分司
演武亭
白沙
茂暉場
備倭營

吴川縣志卷之一

天經志

星野

古初聖人畫野分疆，而後世配以列宿。其《洪範》亦以驗休徵、咎徵之應。星之於野，若有所待而然者。吳川蕞爾，固《禹貢》南服一域哉。辨方正位，載在天府，而彰往信今，在上者所宜考鏡也。

歷代星書皆以斗為吳，牛、女為越之分野。自嶺南至於交趾〔一〕，《禹貢》揚州之域，其次星紀，其星牽牛。

《漢·地理志》云：『越乃牽牛、婺女之分野。蒼梧、鬱林、合浦、交趾，皆越分也。』

《春秋緯》書：『牽牛流為楊州，分為越國。』

《唐·天文志》云：『廣陵入牛八度。』按此，則牽牛為越之分野，明矣。

〔一〕『交趾』原文缺，據《道光吳川縣志》補。

《帝王世紀》云：『斗十一度至女七度，曰須女，又曰星紀。』

費直云：『起斗十度至女五度，為星紀。』

蔡邕云：『起斗六度至須女二度，為星紀。』

《晉·天文志》：『南斗十二度至須女七度，為星紀。』

按此，則星紀為越之分，明矣。

明朝《文獻通考》亦然。釋者曰：『越有三，然則越實揚州之南境。』

氣候

天道有陰陽，而南北之地，氣各有所乘。故其寒燠之候，有不容一例而推，是在辨方者所宜考鏡而慎也。

濱海之邑，地下土薄，風氣與中州不類。陽燠之氣常泄，陰濕之氣常盛。陽氣泄，故四時常光，三冬無雪而多暖；陰氣盛，故蒸濕過半，三春連溟而多寒。二氣既偏而相薄，故一日之內氣候屢變，晴則燠，而陰則寒，所謂『四時長似夏，一雨便成秋』也。然幸地氣舒泄，瘴癘稍稀。夏遇西北風則凉，冬遇東南風則暖。夏秋間，常有颶風大作。颶風者，具四方之風。初起於東，必轉北而西南。起於西，必轉南而東北乃息。若未周四方，不踰旬月必再作，作必窮日夜，對時而後止。其勢呼號怒烈，翻海揚沙，拔木偃禾，頹屋飄瓦，為害不細。又云風雨並作，則禾稼始不傷。間或歲不作，必有以感召之者，或亦理之可信。苐海吼不時，晝夜叫號，吼從上則多風，從下則多雨。或有時不吼，稍轉東風，則多魚。邑之地氣，多因是損。故昔人云：『高州有山無水，化州有水無山，惟有吳川稍可，不堪海水瀼瀼。』

地紀志

輿地

先王建邦啓土，南北殊方，幅員無論廣狹，大都各有封守，不容踰越。邑視初猶然，全黍之一臠，而大裘之一腋也。辨方以治者，由分野、氣候，上順天時；由形勢、山川、物産，下察地利；由都隅、墟市、風俗，中盡人情。而又本禮而為之教，理道舉矣。成周地理之書，有圖有志。圖以知山川形勢，志以知土俗人物。圖則大司徒、職方氏掌之，志則小史、内史掌之，故繪圖於首，俾觀者按之如指掌云。

沿革

縣設未知何代。或謂因水會流，與其地逼吴姓，故名。歷代更革不同，而制亦異。姑採殘編可據者，備録之。

自嶺以南，唐虞三代為未服之國、百粤之地，為南服荒徼。舊志古為揚、越南境。《禹貢》不入職方，不書。

秦南平百粤，置桂林、南海、象三郡，郡置守一、丞一、尉一，以典之。高州地屬南海郡。按《一統志》，以肇、高州俱屬南海郡，雷、廉俱屬象郡，但吴川以雷州接壤，或亦屬之象郡。

秦没，為趙佗所據，傳五主九十三年。

漢武帝元鼎六年，遣伏波將軍路博德平南越，置蒼梧、合浦二郡，吴川為合浦之高凉。

三國吴置高凉郡，又置高興郡。即化州。

晉以高興郡併入高凉。

宋復置高興郡，又置羅州。元嘉初，鎮南將軍檀道濟於陵羅江口築城，因置羅州。

梁置高州及羅州，吴川俱屬高興郡。

隋開皇間，廢高興郡，置石龍縣。即化州。改吴川屬羅州。大業二年，併羅州入高州。三年，仍改高州為高凉郡，置吴川縣隸之。隋初平陳，天下未定，嶺南推馮寶妻冼氏為主，據有其地，既而降隋。隋亡，又據其地。後降唐。歷梁、陳、隋，保有此土，民賴以安。

唐高祖武德五年，廢高凉郡，分本縣餘地併石龍縣，置羅州，改縣屬之。又以石龍縣餘地置南巖州。一作南石。貞觀中，改南巖州為辨州。即化州。天寶初，以羅州為招義郡。按，《一統志》作陵水郡。縣仍屬之。

五代，南漢王劉鋹據有嶺南四十七州郡。

宋開寶四年，平南漢，得所據高凉郡縣。按嶺南圖籍，命潘美、王明等併省郡縣。廢招義郡入辨州，併招義、零録、石城三縣餘地入吴川，改屬辨州。宋改廢廣南二十五州，羅、竇二州俱廢。羅，即招義郡。竇，信宜地。太平興國五年，改辨州為化州縣，仍屬之。紹興間，西寇李接猖獗，攻陷石城，時縣令毛士毅舊為吴川簿，陞石城令被難。因其殘破，又分吴川、招義、零緑地，并復石城。

元至元間，改化州為化州路。置海北海南道宣慰司及肅政廉訪司于雷州，隸江西行中書省。至正末，置廣西行中書省領之。時海寇麥福〔一〕來僣據硇州〔二〕。

明洪武元年，征南大將軍德慶侯廖永忠師克廣州，遣參將朱開諭元守臣，使歸順。二年，海北海南二道宣尉司副陳乾福奉表納降歸附。三年，改化州路為州府。八年，又復為化州。九年，降為化縣，與吴川均屬高州。十四年，陞高州為府，化縣為州。於是，州屬府，縣亦屬府，永為定制，隸廣東嶺西道。

國朝順治四年，部院佟養用〔三〕、軍門李成棟領師入廣州，遣將方國泰、周朝、趙國威入高州，吴川前令王協卜統邑紳士、耆老歸順。隨遣遊擊汪齊龍仝隨征高州，海防同知戴文衡、知縣陳培亨入吴取版籍而蒞焉。吴川仍隸高州，邑號如故。

〔一〕疑為『福』之誤。
〔二〕疑為『洲』之誤。下同。
〔三〕疑為『甲』之誤。

封域

秦罷侯置守，設立郡縣，雖延袤、伸縮、廣狹、大小不齊，然皆因川迴環，水勢曲折，民居利便，大約皆百里為制，使聲聞相□〔一〕，易於保守。縣治疆土，東至海五里，東北至茂名蓮塘鋪二十里，西南至石城縣平樂鋪四十里，南至限門二十里，至硇州一百四十里，西至化州石寧鋪四十里。東西相距八十餘里，南北相距一百七十里。環疆三百餘里。至化州七十里，府一百六十里，省一千零七十里。南達金陵五千六百四十里，北至皇都八千八百里，正北陸路通高州，正南水路通瓊州，正東水通廣省，正西陸路通石城、遂溪。惟硇州僻懸大海中，風順由小海則一日可到，不順則由陸路渡海，三四日亦難定之。

形勢

建置郡邑，必擇險固。吳川東南距海，西北據川。南雖咫尺瀕海，有限門為塞，天險難越。陸路則東有赤水巡司屬茂名縣，就險把隘，足以控禦。北有南巢、川滘之水，折流而西，分為三川。環帶隔涉，

〔一〕 據《康熙八年吳川縣志》，當為『繩』。

水陸有要害，形勝可稱金湯。

限門納高凉、合郡之水，會通於海，紆迴灣瀚，萬變波潮。坡仙『大江東去，驚濤泊〔二〕岸，捲起千堆雪』恰為此而咏也。古題『飛雪』正斯義歟！且舟楫出入此門，有甚難者。觀外海大勢，出門左右，海際去水面五尺許，兩岸砂磧堅鋭逾鐵，俗呼曰『鐵坂砂』。海底中通一道，深不可測，曲亦靡定，寬約五丈餘，勢必土慣篙工小舟夾岸前為接引，風靜尋道，曲屈而行之。若風湧，稍觸乎砂，即艦艪亦難恃矣。洋去三四里，東西横擁一亘，勢若長城，俗呼曰『長城亘』，堅鋭難犯，亦如兩岸。然此誠天造地設，合郡雄塹也。不然，烟波之慮，有難測者。

山川

南巢山。

特思山。

文翁嶺。在北一都，去縣二里。勢自電白浮山來，峙於縣之東南，逼海而峻。

麗山。

〔二〕疑為『拍』之誤。

白象山。

特呈山。在南三都，形員而小，勢從雷州遂溪平樂嶺來，高拱縣南，别無連接，青秀聳起。上有温通閣，壁間題詠見後。其下即茂暉場。

馬鞍岡。在南四都，去縣一百三十里，距硇州又二十里。海中突起二峯，形如馬鞍，最為險要。

吳水。在縣西北。

平城江。在北五都。

限門。在北一都。

博棹江。在北六都。

三乂江。在北十一都。

零洞水。此地舊有零緑縣，今廢。

五里港。在南三都。

物産

石之品

羊肚石。出硇州海底，狀紋如羊肚，可種花草。

穀之品

稻。有赤、白二種。

早稻。五六月熟。

黏稻。小粒者米最白。

晚稻。米柔，十月熟。

糯稻。種有黑白、早晚，俱堪為釀。

芝蔴。可作油。

黍。有糯、黄、飯三種。正月種，四月熟。

粟。

麥。止小麥一種，無大麥。

菽。荳也，有黄、黑、白多種。

緑荳。

赤荳。

娥眉荳。

扁荳。有烏、白二種。

鷹爪荳。

木荳。高三四尺，似烏荳。一種數年收實。

蔬之品

芥菜。

莧菜。有紅、白二種。

瓮菜。張騫使西域，載瓮中歸。

薑。

藤菜。

菠菜。

蘿蔔。有黃、白二種。

莙蓮。葉肥厚而滑。

苦蕒。

蓳蒿。

萵苣。性毒，百虫不敢近。

芹。水菜，也名水英。

蕨。初發如拳，根可為粉。

笋。多種。

茭笋。水中生，葉如昌蒲。

茄。有紫、白二色。

葱。

韭。葉小，而長在地最久，故名。

蒜。性辣。有分辨〔一〕者，有獨枝者。

薤。似韭而大。

葫荽。

芋。

瓜之品

西瓜。有紅、黑子二種。

冬瓜。

〔一〕辨疑為『瓣』之誤。

筲瓜。皮青如角，曲而長。

苦瓜。味苦。

絲瓜。俗呼水瓜，小而長。

花之品

木芙蓉。有二色。

小回香。

香附子。

竹之品

胡竹。舊作扶非，竹節長且薄。

刺竹。節横生，多刺。

紫竹。皮紫色。

觔竹。言其堅也。

木之品

綿木。

桄榔木。

樟木。

槁木。

榕木。葉有大、小二種。

楓木。

香之品

白香。内結有黑文者最香。

藤香。形似藤。

布之品

葛布。出硇州。

綿布。出西山。

貨之品

黄蠟。出西山。

蜂蜜。

塩。東博茂，西茂暉。

羽之品

雉。冠小而文備，性耿介，不可馴。

鶴。

鷹。

雁。

鴿。家人多養。

燕。一名元鳥。

鷓鴣。畏霜冷，早晚稀出。

斑鳩。即鶉鳩。

鵪鶉。亦有魚化成者。

喜鵲。

毛之品

虎。

豹。

熊。

麋。

鹿。

麞。麅之大者。

猴。

獺。

猿。一名通臂，一名金絲。

豺。性狼。

野豬。

竹根鼠。

狐狸。

狼。

鱗之品 常品不載。

鯉魚。

鯽魚。

鱸魚。

鰱。以相連故名。一名鱮，詩所謂『魴鱮』是也。

鯪魚。

鮎魚。

鰍魚。

白目魚。

鯧魚。

黄魚。

魟魚。

魦魚。有虎、鹿、鋸三種。

燕魚。形似燕。

刀魚。

鰻魚。

鱖魚。

鱲魚。

鮚魚。

烏賊魚。又名墨魚。其骨即海螵蛸。

鎖管。

馬五魚。味最佳。

石頭鱸。腦中有石。

鰣魚。

鯖魚。

馬鮫魚。

黃鱸。

骨魚。

龍虱。

鱕魚。

鰠魚。

梟唇。

師婆。

赤眼。

沙鈎。

鱝魚。

鮒魚。

以上俱産於海。

甲之品

龜。

黿。鱉之大者。

鼊。

蜆。

鱟。雌常負雄，獲者得雙。

蚌。蚌屬。一名魁，俗呼為瓦路螺。

龍蝦。出硇州。

大蝦。

小蝦。

車鰲。

螃蟹。

蟛蜞。有二種。

海醯。舊作胆非。

螺螄。

螺白。似車鰲而殼白。

紅螺。

沙螺。一名�蛣。腹有小蟹，晝出覓食，還入。惟冬春最佳。

五指螺。

血螺。肉紅。

指甲螺。

蠔。即牡礪。

九孔螺。

以上俱產於海。

穿山甲。即土鯉也。產於山。

風俗

嶺南吳陽最濱海，山盡於斯，水亦盡於斯。歷來務鉛槧而登科目、躋榮膴者，固代不乏人。戚族歲會、月會有儀，而茅茨土堦之風如故，冠禮惟紳士間行之。婚聘檳榔，大都嶺南恒俗然歟。喪禮多不蔬食。春秋祀嘗名宗，各有祠祊。邑衆以海為業，專事魚塩之利。風土或癘，多惑於覡巫，醫藥之効不講。即善見王下臨，亦竟莫問。商賈止販魚塩、檳榔，少越他境。而他境之营子毋計者懼折，亦鮮至。耕者率惰窳鹵莽，故亦以鹵莽報。且其地多沙，浮土淺，加之海吼頻號，風氣不聚，此貴顯隆盛不多見也。錢穀徭役，逋負甚盛。間有强悍無知，惑於異棍，而淫詞以撓三尺者種種，抑其風俗使然乎。自康熙七、八、九、十、十一等年，邑令黄公極力整施，多方誨導，美者漸增，惡者漸化，横肆者漸近淳良，稍覺變易焉。

王制志

建置

古者設險守國，度地居民，首營官廨，自臺省、太史，以逮守令，校師，各有堂署廨舍，以備棲息，蓋曰政考從出，民所仰庇，且肅觀瞻也。是故正經界，分宅里，廣儲蓄，瀦水通津，而又樹坊表以彰往喆，存古蹟以昭廢興，創亭臺樓塔以時觀省，節勞逸而永地靈，總政教之一助云。匪是，即傑搆豐題、華楹藻井之餙，皆為無益民事者。

縣署在城内西偏，坐北向南，深五十二丈，廣二十丈。署有定制，即壯麗宏擴不能比於巨邑，亦堂皇也。貞度宣化存乎是焉。

正堂一座三間，名曰『敬』『敷』『澹』。薄廳一座三間，有『天鑒在茲』扁。

穿堂一座，在正堂後。

後堂一座三間，在穿堂後，扁曰『青天白日』。

大衙在正堂之左，門從東而入。萬曆初年縣令王一俞改建，二十五年周應鰲重修，至康熙八年傾圮不堪，邑令黄公捐俸復修。堂一座，界為五間，扁曰『仕』『優』『清』『署』『澹』。薄廳三間，前為門，面南。中廳一座五間，後廳一座五間，東西相向。厨屋各一間。

吏舍凡八間，在正堂東西两翼。久為傾頹。吏役各寓諸廟舍，案牘悉皆散頓，每每遺失。康熙十一年，縣令黄公以案牘攸關，捐俸修復。

儀仗庫在正堂之右，今改正堂之左。

公明廉威亭一座，在儀門內。

儀門一座三間，外右為獄。

土地祠在儀門左。

迎賓舘在土地祠前。

譙樓一座，即縣公門。

旌善亭在譙樓前左。

申明亭在譙樓前右。

縣丞衙在正堂大衙之後，堂一座三間，穿堂一座三間，厨房三間，廊房三間。康熙四年奉裁，今廢。

典史衙在正堂稍前之左，廳一座三間，後廳三間，厨房三間。

茂暉塲塩課司在南二都，去縣十里。洪武二年除授，百長劉暹署木條印記。二十五年始改銅印。設大使一員。因舊址建衙門，隸海北提舉司，月俸本縣支給。國朝康熙六年奉裁。今復。

倉庫

廣積倉。在縣治之前東稍偏，理儲廳一座，東西廒各三間。

耳房庫。在正堂之左。凡錢糧歲輸皆儲於是。歲輸擇勤慎吏一員，司其出納，翼以書辦。

府舘。在布政分司之左，座〔二〕北向南，深十〔三〕四丈，廣六丈五尺。正堂三間，後堂三間，門樓一間。成化五年縣令鄧宣建，正德十年縣令方宜賢修，嘉靖四年胡大化重修。今廢。

布政分司。在府舘右，坐北向南，深十四丈餘，廣七丈。正堂三間，後堂三間，穿堂一間，東西廊各二間，儀門一間，兩房各翼以小門，門樓三間。洪武二年建，嘉靖四年縣令胡大化改建後，年久復圮。至國朝康熙三年，改在縣之西，坐東向西，三座，各界為五間，兩房各翼以小門。

海防廳。基城隍廟西，文昌閣東南，前後通衙，坐北向南。今廢。

〔二〕『座』疑為『坐』之誤。
〔三〕原文缺。據《康熙八年吳川縣志》補。

城池

縣在府治之西南一百九十里，水環西北，而大海以内，東南皆平坡，原無城池在。洪武二十七年，該廣東都指揮花茂奏欽差永定侯勘係沿海地方，乃立寧川守禦千戶所防禦倭寇，本所千戶徐本築立土城。永樂元年，千戶李忠復督軍磚砌。成化三年，守備指揮俞鑑督軍開壕。十四年，分巡僉事陶公魯經營砌築，巨磚工繕，開設四門。嘉靖年間，千户王如澄濬濠。萬曆庚申，海防陳公所立，新闢小西門以納水秀，名曰『通川』。

順治十年，新設參府一員應太極，住城内百戶寧暹房舍，歷任相傳。

東門曰『鎮海』。因逼海，不通人烟，故閉不開。

西門曰『延華』。

小西門曰『通川』。

南門曰『永和』。

北門曰『朝天』。

四門城樓四座。

四角瞭樓四座。

窩鋪十二座。

垛口四百六十個。

大小水關五個。

周圍五百八十丈，高一丈八尺，厚一丈二尺。

濠塹周圍六百八十丈，闊三丈。

都隅 村落附

周制以比閭、族黨、州鄉，聯都鄙郊內之民，以鄰里、酇鄙、縣遂，聯鄉遂郊外之民。今制鄉隅、都啚，其於周制之所以聯民者，法異而意同矣。邑舊十八里，嗣後稍縮。蓋景泰天順年間，海寇流毒，民遭殘噬，死徒者過半。當事憐其削乏，因減其三，併作十五里。及萬曆年間，新增東隅一里，又進為十六里，依稀與舊不遠矣。迨國朝康熙元年，慮海氛未靖，凡沿海一帶，設立邊界，以備不虞。縣中南二、南三、南四三啚全遷。康熙二年，復遷北八、北九、北十一、南一四啚，其餘或一里而全遷，或一里而十遷八九，或遷廬舍而存田土，或遷田土而存廬舍。縣舊一十六里，約畧僅存其半。幸今展界，與民復業。數年生聚教訓，漸有起色。

南隅都。自城至教場，鄉集五處。

上郭。

下街。

金鷄垌。

塘蓮。

孟村。

北一都。自城至縣村，南至限門，鄉集十處。

上郭。

石塹。

那蒙。

院村。

芷芋。

那良。

白沙。

謝村。

姚村。

限門。

國朝康熙二年，奉遷謝村、姚村、限門三處。八年，開復。

北二都。去縣十里，鄉集七處。

院村。

那歛。

川滘。

横山。

羅山。

新村。

麻樟。

北三都。去縣二十里，鄉集六處。

奇艷。

塘郊。
佛塔。
大寨。
水口。
隔塘。

北四都。去城三十里，鄉集七處。

鋪脚。
三江。
斗門。
塘口。
樟木。
潭村。
孟村。

北五都。 去城三十里，鄉集七處。

水潭。

那鄧。

馬趙。

平城。

看山。

米收。

那葛。

北六都。 去城三十里，鄉集九處。

山墟。

蒙村。

流四岸。

孟村。

薛村。

李村。

大院。

博棹。

東岸。

北七都。去縣七十里，鄉集五處。

油杭。

那亭。

麗山。

簡村。

那扶。

北八都。去城四十里，鄉集十處。

塘實禄。

塘基。

塘覽。

木藥。

新定。

苧羅。

下苧。

尖山。

上蒙。

塘墩。

康熙三〔二〕年，遷去塘禄、塘基、塘覽、木藥、新定、尖山、上蒙七處。八年，開復。

北九都。去城五十里，鄉集八處。

塘艸。

高山。

旁禽。

分水。

〔二〕『三』，據《康熙八年吴川縣志》疑『二』之誤。

那叠。

大路。

陳村。

原村。康熙二年，遷去高山、分水二村。八年，開復。

北十一都。去城二十里，鄉集九處。

大岸。

平澤。

黄坡。

頓當。

三柏。

端德。

烏坭。

温村。

南寨。

康熙二年，遷去八處，止存大岸。八年，俱開復。

南一都。去城五十里，鄉集十二處。

盧村。

麻皮。

黄那山。

南竈。

潭俗。

麻俸。

潭村。

胡村。

石角。

馬村。

潭思。

調辰。

康熙二年，俱遷界外。八年，開復。

南二都。去城五十里，鄉集十二處。

茂暉。

乾塘。

米稔。

滿洲。

唐寧。

吳村。

博粒。

坡頭。

麻水。

麻登。

莫村。

藍村。

康熙元年，俱遷界外。八年，開復。

南三都。去城七十里，在海離白馬岸五里。鄉集十三處。

地聚。

新竈。

麻簡。

胡村。

特呈。

新場。

鳳輋。

地頭。

麻弄。

木渭。

青訓。

麻練。

廣洲灣。

康熙元年，俱遷界外，獨新場地連南二得仍故居。

南四都。去城一百三十里，孤懸海際，鄉集四處。

北村。

南村。

中村。

文字村。合四村。統名硇州。

康熙元年，俱遷界外。

明萬曆年間，新增東隅一都，共十六里。

東隅都。去城十里，鄉集九處。

羅山。

後山。

上插。

平定。

殷底。

院村。
麻樟。
馬肖。
扶林。

水利

水之裨於民也，利莫宏於五穀。而圩岸坡塘，又所以障之、蓄之，俾其施不窮者。故陂有陂甲，塘有塘甲，各以統其衆。及時修築，使鄉無旱乾水溢之患，而歲收蔭注灌溉之功。然所以督率而驅使之者，存乎人也。邑舊無陂塘。洪武二十八年，工部勘合，為民興利除害，時縣令曹定諭各都築修積水以防歲旱，自是漸稱沃壤，即歲深月累不無傾圮。惟在勤時營繕，不至如臨旱掘井之謡者。陂塘圩岸，原有定數，因其舊而志之。

塘

廟底塘。在北一都。
羅山塘。在北二都。

竈頭塘。在北四都。

那葛塘。在北五都。

占村塘。在北六都。

黃屋塘。在北七都。

楊梅塘。在北八都。

歸尋塘。在北八都。

多倫塘。在北八都。

吳家塘。在北一都。

唐禄塘。在北十一都。

白水塘。在北十一都。

神塘。在南二都。

岸

新村岸。在北二都。

三江岸。在北四都。

院村岸。在北二都。

羅叠岸。在北三都。

三柏岸。在北十一都。

黄坡岸。在北十一都。

奇艷岸。在北三都。

坊表

南薫坊。在城外西南。今廢。

阜財坊。在城外西南。今廢。

來青坊。在城外西南，前有特思山。蒼翠取名。今廢。

製錦坊。在城外。今廢。

仁和坊。在城外西南。為李極浦建。今廢。

建德坊。在城外西南，為李極浦建。今廢。

香名坊。在城外北。因舊多名宦。今廢。

從政坊。在城外西北，以地近縣治。今廢。

繡衣坊。在城郭西北。父老通傳：明初，一老人赴京，太祖問以兩廣風物，對曰：『江山秀麗，廣不如桂。人物繁盛，桂不如廣。』太祖喜之，拊肩欣嘆。後老人衣肩刺繡御掌，建坊住處，名曰『繡衣』。

係赦建，今廢。坊次建有福德祠。

聯珠坊。在北一都。取其地數墩相接，如聯珠然。今廢。

文魁坊。在縣前，為舉人李芳建。今廢。

世英坊。在城內廣積倉左，為舉人吳朝玉建。今廢。

冠英坊。在縣前橫街左，為舉人史孜建。今廢。

步雲坊。在城南外，為舉人陳筞建。今廢。

登雲坊。在城南外一里，為舉人林廷瓛建。今廢。

進士坊。在教場後，為進士林廷瓛建。今廢。

迎恩坊。為接詔赦〔二〕建。今廢。

桂林推秀坊。在城北外，為舉人高鴻建。今廢。

傳芳坊。在北二都，為舉人李霞建。今廢。

聯芳坊。在北四都，為舉人陳達建。今廢。

經魁坊。在北六都，為舉人陳瑗建。今廢。

〔二〕疑為『勑』之誤，下同。

龍德坊。在北六都，為舉人李冕建。今廢。

登科坊。在城外，為舉人吳獻立。今廢。

賓賢坊。在城南外，為舉人梁守正立。今廢。

魁英坊。在城外，為舉人林廷璋立。今廢。

恩榮坊。在城北，為進士蕭惟昌立。今廢。

春榜題名坊。為歷代進士立。

秋闈登儁坊。為歷代舉人立。二坊在儒學前。萬曆二十七年縣令周應鰲重修。今廢。

先朝遺直坊。在城內，縣令周應鰲為宋進士鞠杲建。今廢。

去思亭。在縣前東，為明令金公諱楊華建。

去思亭。在縣前西，為明令朱公諱弘建。

一門雙節。在城內，縣令周應鰲為林彦幹妻李氏、室女林玉愛建。

貞孝慈壽。在縣前直街，為林慎妻麥氏建。

貞節坊。在城內横街，為林永秀妻丘氏建。

貞節坊。在城內横街，為林穎秀妻陳氏建。

橋樑 凡十處

延華橋。為八景之一。萬曆年間，義民林有實重修。二十五年，縣令應鰲改創，題曰『文明亭』。今圮。

飛霆橋。在城西白渡。昔有雷降，故名。今廢。

唐禄橋。在城西十五里。邑人唐祿建。

官橋。在城西二十里平澤村。橋頭一大石有仙人跡，號曰『仙人石』。

淺水橋。在城西二十里。邑人陳賢率衆立。

平定橋。在城西三十里。邑人徐善政率衆立。

那疊橋。在城西六十里。

通駟橋。在城北四里。水自横山村來，北一都。丘氏女捐資甃造，鋪以石梁，覆以瓦亭。為八景之一，橋頭立有石碑。

蘆花橋。去城北二十里。在合江渡。

躍龍橋。在芷艼一里。縣令周應鰲建。為塔前一景，又設舟以濟張〔二〕溢。

津渡

川滘渡。在城北十里。又名合江渡。

南巢渡。在城北四十里。又名溶葉渡。自北至化州界。

調高渡。在城西南四十里。自此至雷州府界。

廣洲灣渡。在城西南四十里。又名新埸渡。額編渡夫三名。今遷界外。

麻練渡。在城西南六十里。額編渡夫二名。其路南通東海，北通寧村。今遷界外。

淍洲渡。在城南九十里。額編渡夫三名。其路南通淍洲，北通地聚。今遷界外。

以上俱係官渡。

烏埿渡。在城南十五里。

〔二〕疑為『漲』之誤。

亭臺　塔附

極浦亭。在城西南江邊。宋邑人李凌雲鄉舉，不樂仕進，隱居教授，建為憩息所。後人因取為八景之一。宋景炎間，丞相陳宜中經此，有題詠。萬曆八年，縣令劉逢旦續建三間，背山面流。二十五年，推官萬尚烈捐俸重修。後裔李孫虬、李孫賢等捐資復修。

一覽亭。在明倫堂後。以其基獨高，扁名『凭高一覽』，為八景之一。後因圮，改建尊經閣。閣圮，又改為敬一亭，豎五箴石碑於其中。萬曆七年，訓導周敦裕見亭廢碑塌，乃起敬一箴碑而列豎焉，增築亭址而周砌之，建臺曰『聚奎』，名其景曰『川上奇觀』。

文明亭。在縣前延華橋上。今圮。

凝道亭。在正疑書院中。今圮。

演武亭。在南二里。

雙峰塔。柱史東莞徐公有記。在限門內三里。前令周公因鄉耆呈請，為邑水自西隨龍入縣，直趨於海。堪輿家謂民鮮，蓋藏士罕脫穎者，遂從順流處創建之，為一郡砥柱，名曰『筆塔凌霄』。應鰲周公置塔田，坐那鄧。

舖舍

縣前舖。在縣治東。此為總舖，司兵三名。

川滘舖。在縣北十里。舖司兵三名。

塘郊舖。去城北二十里。舖司兵二名。

樟木舖。去城北十里。舖司兵二名。

南巢舖。去城四十里。上司往來，此為中火。川滘至此凡四舖，此路接通，遞上司府州縣公文。

羅山舖。去城東十里。今革。

頓當舖。去城西南十里。今革。

塘攬舖。去城西南二里。今革。

扶林舖。去城西南十里。今革。

調高舖。去城西南四十里。

古蹟 廢址並附

翔龍縣。在硇洲。宋景炎三年春正月，元兵入廣，帝舟次硇洲。夏四月戊辰，帝年十一，崩。上尊謚曰『裕文昭武愍孝皇帝』，廟號『端宗』。時群臣皆欲散去，獨陸秀夫不可，曰：『度宗皇帝一子尚在，將安置之？古人有以一城一旅興者，今百官有司皆具，士卒數萬，天若未欲絶宋，此豈不可復興耶？』乃與張世傑等立衛王，年八歲。庚申，衛昺即皇帝位於硇洲。是日，黃龍見海宮中，群臣皆賀。五月癸未朔，改元祥興。乙酉，升硇洲為翔龍縣。時知高州李象祖叛降於元。六月乙亥，帝舟次於新會之崖山。翔興皇帝詔曰：『朕勉承丕緒，祇若令猷。皇天付中國，民既勤用德。聖人居大寶位，曰守以仁。藐茲幼冲，適際危急，惟我朝之聖神繼統，而家法以忠厚傳心。先皇帝聰明出群，孝友天性。痛憤三宮之北，未嘗一日而忘。遺大投艱，丕應徯志。除兇刷耻，惟懷永圖。以趙孤猶幸僅存，盍使為宗祧之主。以漢賊不容兩立，庶將復君父之讐。尚賴元勳宿將，義士忠臣，合志併謀，協心畢力，敵王所愾，捍我於艱。茲用大布寬恩，率循彝典，可大赦天下。於戲！人心有感則必通，世運無往而不復。成誦雖幼，有周寧後於四征。少康之興，祀夏實基於一旅。往來攸濟，咸與維新。』

翔龍書院。在南四都硇洲渡頭，去縣南一百二十里。宋景炎開，丞相陸秀夫建以興學。因升縣，取義亦以翔龍名。元末，海寇麥福借據廢址。明萬曆間，知高州歐陽烈重建，撰有學記。今遷界外。

龍母井。在北一都龍母廟下，去縣北二里許。極旱，井泉不竭，禱雨立應。洌可烹茗。惜地勢窪下，時雨，檅水四集。康熙壬子，邑令黄公捐俸新砌，勢峻如螺。

羅州。在縣西北一百一十里。前宋元嘉初，鎮南將軍檀道濟於凌江口築城，因置羅州。唐復廉江縣。宋太平興國間已廢。

石塔。在碙洲。元大德間，鄉民譚伯裘等建。久廢。

唐羅州刺史馮士翽墓。在北八特思山下。妻吳川邵夫人，附遺址。久廢。

河泊所。在城南外一里。洪武十四年開辦，總旗湯荣創立。嘉靖十四年，縣令經希伋重立。久廢。

三合驛。在城内北儒學後。成化年間，遷回石城縣。久廢。

遞運所。在城南。河泊所在三合村。成化年間遷。

陰陽學。在城南外半里。原未設官。永樂元年始設訓術一員。久廢。

醫學。在城南外，即舊惠民藥局基址。原未設官。永樂元年設訓術一員。知縣林泰重立。久廢。

恤政

養濟院。在城北，一座三間。收養孤老，歲給衣糧。此院傾頽已久。自康熙七年，縣令黄公捐俸，置草舍三間。

義塚。一所，計五十餘丈，坐演武亭左。萬曆二十七年，前令周公拾暴骸瘞之，命為義塚。

國朝義塚。自康熙二十四年，奉文着各省地方有無主暴露枯骨，著令設法料理，建立義塚。軫念歷年用兵間有亡於鋒鏑，或有斃於飢寒，白骨暴諸荒郊，青燐流乎野草，設立義塚一所，計四十餘丈，在城北郊外。又在芷芋、塘塅、麻斜三處各立義塚一所，約計各三十餘丈。諭令就近里民嗣後，或有貧民死不能塟、及無主枯骨，立行報縣，捐給埋塟。仰體聖朝澤，及枯骨至意。

吴川縣志卷之二

文教志

學校

自昔建邦，其所以久安長治者，務在樹人矣。思皇國楨，匪學校奚由培植哉？國朝定鼎，德教漸被二十餘年，遐陬僻壤，靡不何化。吳雖濱海，寧獨外乎？其間廣厲甄陶，期收實用，作人美意，超軼前代，謂非廟貌如昨，斯文聿新，環橋之盛再見於茲歟。

大成殿。一座兩廡，在殿之下。左右位次失序。及近代，從祀諸賢多所遺漏。明萬曆二十七年，縣令周應鰲考正補列焉。

戟門。在大成殿之前。

櫺星門。在戟門前。

明倫堂。在殿之後。

敬一亭。在明倫堂後。原為凭高一覽亭。

啓聖祠。在明倫堂左。嘉靖三十六年，縣令趙世德、教諭王鼎、訓導魏應魁仝建，繕修，邑令相繼行之。

名宦祠

鄉賢祠。二祠前未建。明嘉靖四十年，縣令丁一道、教諭陳道正、訓導何騄建於啓聖祠後，各三間。崇禎十一年，縣令蔣堯勳、鄉官吳鼎元移建戟門兩旁。左名宦，右鄉賢，各一間。

魁星樓。在殿之左。

致齋所。

宰牲所。

饌堂。

號房。

博文齋。教諭衙。今裁。

約禮齋。訓道〔一〕衙。

〔一〕疑為『導』之誤。

附祭器

木豆二百六十五個。
木香爐五副。
錫尊一對。
錫爵三十個。
木篚九個。
祝板一座。
鐵鼓一面。
鐵香爐一副。
銅爵二十個。
錫鐒鉶二十個。
錫燭臺一對。
木爵七十五個。
木鉶二十三個。

木碗十一個。

以上俱失。縣令高鴻飛於康熙二年置木豆五十二個。署學事劉復之置銅爵六個。

附書籍

《四書》一部。

《四書大全》一部。

《易經大全》一部。

《書經大全》一部。

《詩經大全》一部。

《春秋大全》一部。

《禮記大全》一部。

《性理大全》一部。

《通鑑》一部。

《綱目大全》一部。

《周禮》一部。

《近思録》一部。

《伊洛淵》一部。

《孔子家語》一部。

《國語》一部。

《戰國策》一部。

《史記》一部。

《前漢書》一部。

《後漢書》一部。

《呂氏春秋》一部。

《左國文選》一部。

《國語評》一部。

《七雄策》一部。

《劉向二書》一部。

《六子書》一部。

《文章正宗》一部。

《二十四子真經》一部。

《淮南子》一部。
《管子》一部。
《韓子》一部。
《憲章録》一部。
《皇明通紀》一部。

附鄉飲

明洪武[一]十六年，頒行《鄉飲酒禮圖式》。該縣每歲正月十五、十月初一日，遵照節行事例，賓禮於明倫堂，共酒饌之費均平銀支辦。

江陽書院。在縣治南去二十里。縣令周應鰲建。置田租一百三十餘石為來學膏火資。

正疑書院。在儒學左。縣令周應鰲建。仍置田租五十石為來學者膏火資。

[一] 原文缺，據《康熙八年吳川縣志》補。

附八景

雙峰聳翠。

三台拱秀。

鳳池呈藻。

龍橋貫伍。

洲渚浮玉。

江樓待月。

沙嶼飛白。

海洋散緑。

社學

大小共十七所

城中大舘一所。係南隅都耆梁應科捐屋創建，申詳道府額曰『義學』。

南隅來青坊小舘一所。

北一都那濛村小舘一所。
北二都院村小舘一所〔一〕。三小舘俱屬城中大舘。
北三都大寨村大舘一所。
北四都窑頭村小舘一所。
北四都樟木村小舘一所。
北五都水潭村小舘一所。三小舘屬大寨大舘。
北六都山墟大舘一所。
北七都麗山村小舘一所。
北七都那亭村小舘一所。
北八都下芓村小舘一所。三小舘屬山墟大舘。
北十一都平澤村大舘一所。
南一都潭俗村小舘一所。
南二都乾塘村小舘一所。二小舘屬平澤大舘。
南四都中村大舘一所。

〔一〕原文缺，據《康熙八年吳川縣志》補。

北村小舘一所。

壇壝

社稷壇。在城北門外咫尺。坐南向北，深十四丈，廣十丈，周圍共三十三丈。

山川壇。在城南門外。坐北向南，深十四丈，廣十丈，周圍共三十三丈。明洪武三年，頒降定式：壇壝東西南北方二丈五尺，高三尺六寸，四面階各三級，壇下前面闊十丈餘，三面闊五丈，繚以圍墻，四面紅油。社稷由北門入，山川由南門入。

石主。長二尺五寸，方一丈。埋於壇南正中，去壇三尺五寸，露員尖出，半埋土中。

神牌。以木為之，朱漆黑字。高二尺，厚九分。座高四寸，闊八寸五分，厚四寸五分。臨祭設於壇上，祭畢藏神厨庫。

宰牲所三間。今廢。

邑厲壇。在城東北。坐北向南，深二十丈，廣七丈。

廟祠

城隍廟。在縣治東南。坐北向南，前街深十一丈，廣四丈五尺。廟宇、儀門各三間，周圍繚墻。邑令相繼繕修。康熙五年，縣令高鴻飛置有田米二石，贍給香燈，稅在北五六甲。

洗太夫人廟。在縣治左，坐北向南，深五丈，廣三丈五尺。廟宇、儀門各三間。明洪武十四年，縣丞汪季清創建。嗣後，邑令相繼繕修。康熙五年，縣令高鴻飛置有田米五斗，贍給香燈，稅在北五六甲。

觀音廟。在北門外，禱祈如響。明萬曆二十八年，縣令周應鰲建造，後圮。順治八年，孝廉吴士望同族衆捐資重建。正殿二座，東西兩廊，併厨舍三間。贍租三十石零二斗三升，載縣碑。

天妃廟。在北一都白沙渡頭，去縣南二里。坐東向西。廟宇、儀門各三間。明洪武二年建。今圮。康熙十一年，邑令黄公同城守遊擊屈公合議重新。

關王廟。在城隍廟左。坐北向南，深廣如之，連二座。邑令相繼繕修。康熙五年，縣令高鴻飛置有田米一石，贍給香燈，稅在北五六甲。

文昌閣。在學左。連樓一座，磚墻四圍，坐東向西。歷代相傳，偶爾傾圮。康熙己酉、庚戌、辛亥、壬子，邑令黄公捐俸重修，並置香燈米二石五斗三升六合，稅歸北八三甲。又米七斗，稅歸北五七甲。又米八斗，稅歸北十一四甲。又米一斗二升五合，稅歸北十一二甲。詳勘此米，共四石一斗六升一合，悉屬潮田租，止山田之半。能正供，不能差役，瘠使然也。衆碩歸閣，職是故歟。文祖亦自鑒其非，抗役也。印照存閣。

龍母廟。在縣北二里。順治年間，士民同建。

茶亭大士菴。在縣東十五里。鄉官吴鼎元建。此菴為上下通衢，原設茶濟渴，行者多憩息於此。其子士楫遞年捐租一十二石以贍住持。

附復建廟祠

東嶽廟。在南門外嶺頭街。置有田米二石一斗四升七合，稅在南隅二甲。

真武廟。在南門外嶺頭街。

金蓮菴。在下街龍手嶺。

真如菴。在下街龍手嶺。置有田米一石三斗八升九合。開山僧寂睿。

興龍寺。在白沙渡頭。置有田米一石四斗五升一合，稅在南隅二甲。

觀音廟。在南門中街。置有田米七斗，稅在南隅二甲。

五嶽廟。在南門中街。置有田米一石一斗，稅在南隅三甲。

三官堂。坐梅菉水口，去縣東北三十里。建自明初。按，此堂適當孔道，往來士客咸憇焉。惜焚獻無資，難為早〔二〕錫。康熙壬子，邑令黃公捐俸，置米一石，永給香燈，稅歸南隅一甲。田坐江心湧。印照存堂。

以上各寺廟俱明初建造。

按，興龍、真如、金蓮三院，形勢聯錯，惜山門逼近港岸，風潮衝突，且路適孔道，叠經崩陷，行旅維艱。康熙己酉、庚戌、辛亥、壬子，邑令黃公捐俸，勒堤於三院之前，於真如基中就便鑿放生池，佛國周行，咸利乎勢，與水争道也。

〔二〕 據《康熙八年吳川縣志》，當為『卓』。

官師志

職官

知縣

唐 無考。

宋 無考。

元

法護兒丁。至正年任達魯花赤。

莫士純。擎雷人。大德年任。

凌柱榮。至大三年任。

張應薦。餘皆無考。

明

乞住。洪武二年任。

庾誠。直隸溧陽人，由監生洪武十八年任。

曹定。洪武二十四年任。

林泰。永樂元年任。

陶歆。直隸宣成人。永樂十四年任。『名宦』有傳。

劉震。正統三年任。

陳衍。潮州人，由舉人成化年任。列『名宦』，有傳。

鄧宣。韶州人，由監生成化五年任。有傳。

陳安。成化末年任。

鍾英。浙江永嘉人，由監生弘治四年任。

蘇智。福建龍溪人，由監生弘治八年任。

胡經。汀州人，由監生正德三年任。

張貞。湖廣五開衛人，由監生正德七年任。

方宜賢。蒲田人，由舉人正德十年任。

廖雲翔。福建懷安人，由舉人正德年任。廉靜寡欲，德性可嘉。有傳。

胡大化。南昌人，由舉人嘉靖二年任。

鄭希智。廣西懷集人，由舉人嘉靖七年任。

經希伋。全州人，由舉人嘉靖十一年任。

葉秀。廣西人，先任教諭，嘉靖十四年任。

莫息。廣西陽朔人，由舉人嘉靖十六年任。陞保定府通判。

謝德仁。吉水人，由舉人嘉靖二十二年任。

程鎬。直隸祁門人，由監生嘉靖二十五年任。

王汝翼。貴州銅仁人，由監生嘉靖二十七年任。

謝明勗。嘉靖二十九年任。

趙世德。福建人，由舉人嘉靖三十三年任。

丁一道。丹陽人，由舉人嘉靖年任。鼎建名宦、鄉賢祠。

黃一棟。福建人，由舉人嘉靖四十五年任。

黎永清。廣西人，由舉人隆慶三年任。

葉春。浙江人，由監生萬曆二年任。

劉逢旦。廣西人，由舉人萬曆七年任。

陳霑。直隸人，由歲貢萬曆十年任。

王一俞。江西泰和人，由舉人萬曆年任。寬弘簡易，倡約善俗，士民頌之。

吳中禎。福建建寧人，由舉人萬曆十六年任。

鄭人和。福建人，由舉人萬曆二十年任。

許弘基。廣西宣化人，由舉人萬曆二十三年任。丁憂服闋，補四川奉節。

周應鰲。江西泰和人，由進士萬曆年任。有傳。

咼邦永。公安人，由歲貢萬曆二十八年任。

梁景朱。鬱林人，由舉人萬曆三十一年任。

李文淵。晋江人，由舉人萬曆三十四年任。

林憲曾。莆田人，由舉人萬曆三十七年任。

唐盛世。全州人，由舉人萬曆四十一年任。

叚冠。江西廬陵人，由舉人萬曆四十三年任。

李友蘭。遠安人，由舉人萬曆四十五年任。

吳夢鰲。福建晋江人，由歲貢天啓三年任。

金揚華。秀水人，由選貢天啓六年任。有去思亭。

朱弘。廣西桂林人，由舉人崇禎年任，陞崖州知州。有去思亭。有傳。

曾用脩。漳浦人，由舉人崇禎八年任。丁艱而去。

童兆登。慈溪人，由進士崇禎年任。步禱惟勤，嚴明奏最，陞刑部主事。

王泰徵。湖廣人，由進士崇禎十一年任。調繁知新會縣。有傳。

徐鳴岐。浙江人，由貢士崇禎十二年任。

蔣堯勲。猶溪人，由舉人崇禎十四年任。重建文廟，煥然一新。

王協卜。福建人，由舉人崇禎十七年任。順治四年歸順，邑務交國朝新令。

國朝

陳培亨。福建人，由廩生順治四年任，至六月，死於叛逆。

黃應乾。浙江上虞人，由貢士順治八年任。十年，捐資仝紳士重修雙峰塔。後死葉標之難，邑人惜之。

周允斯。浙江人，順治十年任。十一年為偽藩李定國所逐，縣印遺失。

楊翼國。河南人，由貢士十二年任。前令失印，關防視事。居官詳順，宅心恬退。

高鴻飛。河南人，由拔貢順治十六年任。初亦關防視事，至十八年復領印，陞江南徐州知州。

李光先。鉅鹿人，由貢士康熙五年任。卒於官。

黃若香。四川人，由舉人康熙七年四月任，重修邑志。十二年，奉旨復修。

陳宏章。遼東遼陽人，由正藍旗康熙十四年四月任。卒於官。

王如恒。遼東人，由工部筆帖式康熙十六年八月任。

秦松如。江南人，由監生康熙十九年九月任。

于隆吉。山東人，由監生康熙二十三年三月任。

李球隨。北直隸人，由難廕生康熙二十五年十月十六日任。

縣丞

宋

毛士毅。紹興間任。陞石城縣令，罵賊死難。《廣志》名宦。

明

汪季清。江西饒州人，洪武初年任。有才有守，善政為多。

鞠軍。洪武十二年任。

周彦博。洪武十八年任。

徐崇善。正統四年任。功存學校，湮没不傳。詳考碑記，補載『名宦』下。今無。

康練。江西泰和人，由明經行修，成化四年任。

王珏。山東人，弘治元年任。

蕭傑。湖廣巴縣人，由監生弘治六年任。重士愛民，賦平訟理。

周鎰。同安人，弘治十年任。葺學門，修公署。九載滿歸。

劉景。浙江蒙安人，正德元年任。

楊儀。湖廣應承人，正德七年任。

鄧璵。福建南平人，由監生正德十年任。
張學。直隸泰興人，正德十四年任。
帥鑾。廬州府人，由監生正德十六年任。
陳世誠。餘饒人，由監生嘉靖五年任。
林珪。福建閩縣人，由吏員嘉靖七年任。
劉廷璋。長沙府人，由監生嘉靖十三年任。
項湘。休寧人，由監生嘉靖十六年任。
徐珂。廣西賓州人，由監生嘉靖十九年任。
劉應時。廣西懷集人，由監生嘉靖二十三年任，陞古田知縣。
梁觀生。廣西岑溪人，由監生嘉靖二十五年任。
黃鍾表。嘉靖二十九年任。
周同。嘉靖三十五年任。
連世祥。嘉靖四十二年任。
黃伯槐。隆慶三年任。
伍文光。江西泰和人，由選貢萬曆五年任。
董光世。萬曆九年任。

陳禦。萬曆十三年任。

范文鐸。萬曆十六年任。

羅棟。萬曆十九年任。

黄新。萬曆二十二年任。

陳志德。直隸武進人，由監生萬曆二十五年任。陞代府紀善。

李慎思。浙江平湖人，由監生萬曆二十七年任。

黄來舉。東鄉人，萬曆三十年任。

吴應詔。永寧人，萬曆三十五年任。

劉鴻業。山陰人，萬曆三十九年任。

駱宗驥。萬曆四十五年任。

張正之。山陰人，天啓元年任。

曹宗慶。天啓四年任。

陳甫煒。漳浦人，由歲貢天啓七年任。

徐繩祖。吴縣人，由儒士崇禎四年任。

戴明。德清人，由吏員崇禎八年任。

董學詩。武進人，由貢士崇禎十三年任。

劉學海。由貢士崇禎十四年任。

國朝

徐啓璉。浙江人，順治四年任。死於叛逆破城之難。

田三鳳。陝西人，由貢士順治十五年任。居官不職，御史張提問，□〔一〕卒於甫城。

王嘉翰。順天人，由貢士順治十七年任。

劉正遴。盛京人，由貢士康熙二年任，卒於官。至五年九月裁革。

主簿

宋 無考。

元

楊理合。

唐必達。至元九年任。修理學校，重士愛民。

明

〔一〕 原文缺，據《康熙八年吳川縣志》補為『卒』。

趙明。永樂十年任。

梁欽。成化初年任。至十三年裁革。

典史

宋　無考。

元

鄭保。

明　宣德以前無考。

馮完。正統三年任。

方明暨。成化十年任。

祝聰。廣西藤縣人，弘治五年任。

曹鸞。湖廣人，正德五年任。

余仁。江西豐城人，正德十一年任。

萬崇。正德十四年任。

黄浩。廣西人，嘉靖元年任。

黄玭。晋江人，嘉靖五年任。

陳佐。侯官人，嘉靖七年任。

萬濂。黄州人。嘉靖十年任。

陀佑。廣西蒼梧人，嘉靖十六年任。

郭顯文。江西泰和人，由舉人嘉靖二十一年以湖廣黄州府同知謫任。

何烺。杭州人，由吏員嘉靖二十二年任。

竇仲環。全州人，由吏員嘉靖二十七年任。

鄭孚。嘉靖三十二年任。

陳文滿。嘉靖三十七年任。

毛本。嘉靖四十一年任。

劉春。隆慶元年任。

莊義。隆慶五年任。

曾士賢。萬曆五年任。

陸橙。萬曆十年任。

周實。萬曆十六年任。

黄一濂。萬曆十九年任。

陳崇猷。福建龍溪人，由吏員萬曆二十三年任。陞四川都司大渡河守禦所吏目。

酈遜之。會稽人，萬曆二十九年任。

杜□〔二〕霄。贛州人，萬曆三十三年任。

鄒洪謨。長洲人，萬曆三十八年任。

周廷振。萬曆四十三年任。

金應乾。萬曆四十六年任。

朱正洪。天啓二年任。

江一葉。天啓六年任。

熊茂。崇禎三年任。有去思碑。

沈國英。崇禎六年任。

洪有清。崇禎九年任。

方以矩。莆田人，崇禎十二年任。

魏守禮。崇禎十四年任。

吴道顯。浙江人，崇禎十六年任。

沈安忠。浙江人，崇禎末年任。

〔二〕據《康熙八年吴川縣志》，補為『祥』。

國朝

王大任。順治四年任。死於叛逆破城之難。

張召卿。紹興人，順治十年任。

王用極。順治年間任。陞吏目。

任其毅。順治年間任。卒於官。

陳公煒。紹興人，康熙四年任。歷幾八載，地方安之。

戴希聖。紹興山陰人，康熙二十二年六月任。

教諭

宋無考。

元

吳仲元。至正年間任。

黃夢驥。大德年間任。

明

馬保。永樂元年任。

雷諒。永樂十年任。
鄭和義。成化二年任。
王福。成化八年任。
全福。成化十二年任。
陸聰。高要人，成化十九年任。
林文振。福建懷安人，由舉人弘治四年。
林昱。福建惠安人，由監生弘治十一年任。
余賓。福建順昌人，由監生正德元年任。
季鸞。廣西横州人，由舉人正德九年任。
齊啓行。福建懷安人，由舉人正德九年任。
鄭皡。福建連江人，由舉人嘉靖二年任。九載陞直隸宿遷令。
張震。江西德化人，由監生嘉靖十四年任。九載致仕養親。
王翔。晋江人，嘉靖二十年任。
羅拱宸。廣西馬平人，嘉靖二十六年任。
王鼎。嘉靖三十一年任。
陳道正。福建長泰人，嘉靖三十九年任。

鍾山。海康人，嘉靖四十三年任。

陳夢龍。福建懷安人，由舉人隆慶二年任。陞合浦縣令。

陳世理。福建福安人，隆慶五年任。

陸琬。廣西潯州人，隆慶六年任。

李熊禎。北流人，萬曆二年任。

王誠心。祁門人，萬曆五年任。教嚴而課勤，諸士翕然宗之。

葉逢春。惠州人，萬曆十年任。

顧榮逢。南雄人，萬曆十四年任。

鍾鳴暉。萬曆十九年任。

鄭岱。潮州人，由歲貢萬曆二十年任。未及五載，致仕而歸。

鮑潛。大浦人，萬曆二十八年任。

賴順。饒平人，萬曆三十二年任。

洪有成。遂溪人，萬曆三十七年任。

許希學。昌化人，萬曆四十二年任。

王雋。邵武人，天啓元年任。

施承芳。蘄縣人，天啓四年任。由貢士陞貴州知縣。有去思亭。

馬鳴鸞。順德人，由舉人崇禎元年任。陞陽朔知縣。
李應禎。零陵人，崇禎三年任。
蔡宗周。陽春人，崇禎五年任。
翁振宗。壽昌人，崇禎七年任。
王日逵。高要人，崇禎十年任。
孫士俊。浙江人，由舉人崇禎十二年任。陞麻城知縣。
許維藩。廉州人，由歲貢崇禎十五年任。卒於官。

國朝

吳士驊。順治四年任。死於叛逆破城之難。
黄龍圖。福建人，順治八年任。
羅萬達。東莞人，由廩生順治十年任，卒於官。
黄挺華。南海人，由舉人順治十七年任。丁艱離署，後補揭陽教諭。
鄭熙運。潮州人，由舉人康熙二年任，至三年四月奉裁。
郭斌。南海人，由歲貢康熙二十一年任。冰清玉潔，恬澹無求，經史淹通，循循善誘。康熙二十六年同修邑志。

訓導

宋元俱無考。

明

徐壽。洪武二十二年任。

王昌。成化四年任。

黎鳳。蒼梧人，由監生成化二十五年任。

胡麒。廬陵人，由監生弘治三年任。

李震。桂林人，由監生弘治九年任。

余良。晋江人，由監生正德五年任。

陳添。福建人，正德七年任。

何瑶。浙江分水人，由監生正德十年任。

朱良。歸善人，由監生正德十三年任。

巖鈇。仙遊人，由監生嘉靖元年任。

唐文符。瓊山人，由監生嘉靖九年任。

詹泉。玉山人，由監生嘉靖十三年任。

黄徹。從化人，嘉靖十六年任。

周于德。福寧州人，嘉靖二十四年任。

葉昌焕。德州人，嘉靖二十九年任。

可〔二〕騄。恩平人，嘉靖三十四年任。

李絢。廣西人，嘉靖三十九年任。

錢大有。萬州人，嘉靖四十三年任。

馬鐸。隆慶四年內任。

周敦裕。萬曆十年任。

羅文著。高明人，萬曆十四年任。

任先知。廣西人，萬曆十九年任。

何炌。海康人，由歲貢萬曆二十三年任。陞靖江主府教授。

謝夢豹。德慶州人，萬曆二十七年任。有去思亭。

簡御熕。新興人，萬曆三十一年任。

黄昊。揭陽人，萬曆三十六年任。

〔二〕據《康熙八年吳川縣志》疑為『何』之誤。

何思敬。儋州人，萬曆四十年任。

葉高。封川人，萬曆四十五年任。

郭中奇。保昌人，天啓二年任。

鄭奇珍。合浦人，天啓六年任。

王時可。長樂人，崇禎三年任。

尹湯聘。永定衛人，崇禎六年任。

曾廷第。儋州人，崇禎九年任。

黃上奎。四會人，崇禎十三年任。卒於官。

胡聯芳。遼東人，崇禎十七年任。

國朝

郭域。浙江人，順治八年任。

賴新科。惠州永安人，順治十四年任，至十五年奉裁，後補翁源訓導。

陳龍光。番禺人，由歲貢康熙三年裁教諭，復訓導，至四年任。同修邑志。科歲二歷，循循無曠。

梁翹隆。恩平人，由歲貢康熙二十一年任。

廖緒耀。瓊州文昌人，由歲貢康熙二十六年三月二十八任。同修邑志。

巡檢

明

顧啓祥。

陳毅。

李廷鳳。

甘霖。福建人。

柯廷樟。雲南人。

田經。湖廣人。

柯襟。福建人。

林世殷。莆田人。

廖英。莆田人。

黄文焕。福建人。

伍延慶。四川人。

陳衮。浙江上虞人。

史㝵。直隸人。

汪登雲。浙江蕭山人。以後裁革。

倉大使

明

季温。江西人。

陸貴。江西人。

郭敦。

張清。江西人。

李寶。廣西人。

鄭文。福建人。

尹瓚。福建人。

施才。福建人。

熊脩。江西人。

李憲。浙江人。

謝岳。直隸人。

高應試。温州人。

朱應龍。韶州人。

徐世榮。福建人。

國朝

陸秀陞。南海人。

馮應鰲。南海人。順治十一年五月裁革。

河泊

久無選授。

鹽場大使

明

呂晉。

鄭仙。莆田人。

張珮。浙江人。

楊壽。直隸天長人。

程尚官。

曾可傳。以上職名遺缺，貫址不書者，無傳也。崇禎十四年，已經裁革，復行選授。

國朝

牛冲斗。

楊廷桂。康熙六年五月復裁革。

陳美。陝西西安人，康熙九年任。

劉之璽。

鄭健。北直隸大興人，康熙十九年九月任。才能敏達，歷職不懈。

名宦

明

知縣

陶歆，直隸宣城人，永樂十四年任。勵精勤政，律身嚴而自奉約。寬賦輕徭，矜恤困瘁。招撫四徙之衆，勞來安輯。遐邇逋逃，相率而復故土者垂百戶。又給牛種以為耕具。功德施民，祀名宦。

陳衍，本省潮州人，成化三年任。秉心清慎，處事公平。勸課農桑，作興學校，革弊除奸，士民信服。卒於官。輿論共惜焉。《府志》祀名宦。

鄧宣，本省韶州人，成化五年任。宅心廉而用法恕，勤於民事而安於淡簡。當流寇屠邑之後，公署之存於燼餘者，殫力補葺。在任十一年，致仕而去。百姓遺思焉。

廖雲翔，福建懷安人，正德十四年任。秉性敦慤，啓口謹嚴，禔躬常循矩度，俸外秋毫不染。六年以疾致仕，民不忍離，如嬰兒之眷眷慈母，士夫交口稱羡。至今有遐思焉。

周應鰲，江西太和〔一〕人。由進士初任鎮江丹陽縣，調繁蘇州吴縣，陞吏部稽勳司主事。萬曆二十五年，謫知吴川。德器弘深，經綸久大。敷鞠育以寧兆人，民歌愷悌。設義舘以訓子弟，士慶菁莪。且夙諳地宜，萬曆庚子建雙峯塔於限門，為吴陽砥柱。二十八年，擢南京刑部山西司主事。邑人迨今猶思慕弗衰焉。

朱弘，廣西桂林人，由舉人崇禎五年任。好善遠奸，清廉果敢。時有海寇李魁奇等連年犯港，統率軍兵單騎前敵，邑之士民賴以不遭剽掠。且删定《一貫堪輿》，以公海内，造福非僅一时。陞崖州知州。邑中人士見者歌思，聞者懷德。立有去思亭。

王泰徵，湖廣人，由進士崇禎十一年任。推心撫字，雅意藝文。課衿士以示作興，造小子以彰樂育。談經史，抉旨要。雖邑宰，不啻師模焉。一時多士向風，蒸蒸蔚起。甫一載，調繁知新會。士民思之。

〔一〕當為『泰和』之誤。下同。

縣丞

汪季清，江西饒州人，洪武初年任。以丞攝篆，才猷練達，文學優長，潔己愛民。為政先大體，不事煩苛。尤加意於學校、黌宫、廟廡，百廢具興。凡公署、壇壝、亭路、津梁之類，悉管繕改觀。九載考績。民追思之。

民事志

版籍

國朝順治四年丁亥，王師入粤，邑以舊版籍獻之。八年，始定民籍，頒黄冊式於郡縣，令軍、民、鹽、魚、匠戶，各書其鄉貫，丁口、名歲，無俾脱漏。凡十年，大計消長而更籍之邑則。厥畐十六，額載於版。厥籍有三：曰軍，曰民，曰竈。視唐租庸調之法可行也。明初，取民丁糧别徵，然限田不可問矣。而貧士無立錐之〔一〕，夫乃至以一身當賦一石，有身為患，其趨避不亦宜乎？後萬曆四十八年，丁隨糧走，賦乃稱均。冊例雖丁米分編，其實則丁從米出。今仍其舊法，稱善云。

〔一〕或脱『地』字。

戶口

邑戶，舊額載軍、民、竈、雜色共三千一百六十九。順治八年，僅一千零八十九。十六年屆亦然。迨兩次奉遷，共去三百三十二，存戶七百五十七，視昔又減四分之三矣。康熙八年己酉正月，內差特雷杭旼，大人魯瑣、蔡堪，仝藩督、撫提奉詔巡邊，撤藩復業。今復回八十三，存戶八百四十戶。

邑口，舊額載一萬零二百八十七。順治八年，則六千六百二十五，視額已少三千六百六十二。迨兩次奉遷二千七百零三，所僅存者三千九百二十二。茲展界復業，共復回一千一百六十四。至十二年、十三年，共復回四百一十八。尚遷移海島，不准復一千一百二十一。至二十年，被寇屆編審，開除逃絕二千四百五十三，所僅存者四千一百七十二口。

田賦

邑自順治年來，仍明萬曆四十八年例。《全書》額載官民田地塘稅二千九百二十七頃四十七畝八分，起科田則二千九百零七頃二十二畝八分一厘，地則一十三頃七十九畝七分四厘，塘則六頃四十五畝二分五厘。厥例維均於田地塘內，每畝科官正耗米一升一合七勺二抄二撮，積八十五畝三分零九毫為糧一石，派官米三千四百三十一石五斗八升九合六勺，溢會計額一石零五升一合六勺。每畝科民竈米二升九合七勺八抄七撮九圭二粟，積三十三畝五分七厘為糧一石，派民竈米八千七百二十石零三斗四升八合，溢會計額二石六斗五升四合五勺。但夏農桑俱失，額向移抵補。載今籍者，官三千四百三十石零五斗三升八合，民竈八千七百一十七石六斗九升三合五勺，夏農桑一十六石五斗五升四合一勺，額外魚課四百四十九石零五升九合六勺，總計一萬二千六百一十三石八斗四升五合二勺。寧川所屯糧一千零一十九石一斗零一合。順治十六年奉勘，實荒一十二頃七十七畝七分九厘二毫二絲三忽有奇。越兩年，漸次墾復。迨康熙元年初，遷三百二十八頃六十九畝四分六厘九毫六絲，其魚課盡去。三年，再遷一千一百九十八頃六十三畝零六厘六毫四絲六忽，前墾復者復遷矣。

題豁實在田地塘共稅一千三百八十七頃三十七畝四分七厘一毫七絲一忽。

康熙八年，奉旨展界，各業户遷民共墾復原續遷移田地塘稅一百九十九頃七十畝零九厘六毫七絲六忽。九年，分墾復回原續遷田地塘稅三百一十五頃八十三畝五分五厘九毫零三忽，又復回魚課米一十六石八斗四升六合。十年，分墾復回原續遷田地塘稅一百二十三頃八十五畝九分八厘二毫一絲五忽。十一年，墾復回原續遷田地塘稅一百九十一頃零三畝八分八厘二毫一絲一忽。十二年，復回原續遷田地塘稅一百零三頃一十八畝三分九厘零四絲七忽。十三年，復回原續遷田地塘稅一百零六頃五十四畝四分五厘五毫二絲五忽。又坐落遷移海島不准復業共稅四百九十八頃六十畝零三分九厘零二絲一忽五微三僉，又失額稅二十九頃五十四畝三分四厘三毫六絲七忽四微七僉，尚實存稅二千三百九十九頃三十三畝一分四釐七毫一絲一忽。起科則例遞年遵候司道會入由單編徵。

邑原額稅二千九百二十七頃四十七畝八分。自康熙元年、三年兩奉遷移，至康熙八年展界墾復，尚有孤懸海島無主稅四百九十八頃六十畝零三分九毫二絲一忽有奇，尚稅二千四百二十八頃八十七畝四分九厘零七絲八忽四微七僉，內失額稅二十九頃五十四畝三分四厘三毫六絲七忽四微七僉，尚實存稅二千三百九十九頃三十三畝一分四厘七毫一絲一忽。炤額派徵，內有寇荒。

屯田

寧川所屯糧額一千零一十九石一斗零一合，該所經徵本色運納廣積倉。又每石派達官銅錢銀一厘九毫三絲六忽有奇，該銀一兩九錢七分三厘六毫。順治十六年，報荒六百一十二石二斗四升三合零七抄八撮九圭三粟。康熙三年，奉遷六十石零六斗七升二合二勺三抄二撮。

題豁實在三百四十六石一斗八升五令〔二〕六勺八抄九撮零七粟。其荒田後有墾復，照例陞科。

額屯田稅三十三頃九十七畝零三毫三絲三忽，米一千零一十九石一斗零一合，內除荒陷稅二十二頃零八分五厘一毫零三忽三微一僉，連減則共無徵米六百六十六石八斗零二合二勺零九圭三粟。

〔二〕疑為『合』之誤。

實徵熟稅一十一頃九十六畝一分五厘二毫二絲九忽六微九僉，米三百五十二石二斗九升八合七勺零九撮零七粟。

原額屯丁二百一十丁。康熙二十三年，編審新增屯丁秖補逃絶外，尚缺額丁四十五丁。

實在屯丁一百六十五丁，歲徵銀七十一兩五錢五分七厘八毫六絲。遇閏加銀三兩四錢二分一厘九毫三絲五忽。

一軍器等料共銀九兩二錢三分三厘一毫，軍汰無徵。

一每米一石帶派銅錢銀一厘九毫三絲六忽，該銀一兩九錢七分三厘無徵。

里甲

舊制百一十戶為一里，里編為一冊，名曰一圖。推丁糧多者長其戶，凡十為甲。首戶及鰥寡孤獨不勝役者，帶管於一戶下，謂之花戶。庄戶在城曰坊長，近城曰廂長，在鄉曰里長。又於里中擇年高德卲者，曰老人，居申明亭，與里長聽一里之訟，即漢三老職也。圖之甲起一至十。輪年應役。十年而週，里甲始於此乎。

原額人丁四千三百二十二，內除鄉官、舉貢、監生員、吏役、軍竈等項優免二千一百二十三，又除南四以海中事例免一百三十八丁，實令編民壯丁二千零六十一。民竈米八千七百一十七石六斗九升三合五勺，內除優免一千四百七十九石七斗五升六合五勺，例免三差。又加准丁米七十五石五斗五升例免，民壯實編差徭米七千一百六十二石三斗八升七合。其民壯驛傳，除南四海中事例免米二百三十三石八斗三升七合六勺，實編民壯米六千九百二十八石五斗四升九合四勺。驛傳准米無免，實編米七千零四石零九升九合四勺。至順治十四年，扣徵優免米一千五百五十五石三斗零六合五勺，該免三差銀七百六十六兩九錢五分八厘三毫解充兵餉。至康熙元年，初遷丁七百一十，續遷丁九百五十三，内優免丁一百五十七，尚實存人丁二千六百五十九丁。

康熙八年，奉旨展界，隨糧復回人丁一百六十三丁，内優免丁二十六丁。九年，分復回人丁二百五十九丁，内優免丁三十二丁。十年，分復回人丁九十八丁，内優免丁一十八丁。十一年，分復回人丁一百四十二丁，内優免丁二十六丁。十二年，分復回人丁一百二十九丁。十三年，分復回人丁一百二十八丁。尚遷移海島不准開復人丁七百四十四丁。至康熙二十年，被寇屆編審，開除逃絶一千七百六十二丁，所僅存者二千五百六十丁。派徵差課則例遞年遵候司道會入，由單編徵。

婦女

《全書》原額載一千八百二十二口，内除原遷編審冊報遷移婦女二百九十九口，又除續遷七百四十一口，尚實存七百八十二口。

康熙八年，奉旨展界，隨糧復回婦女一百二十四口。九年，復回一百九十一口。十年，復回七十八口。十一年，復回一百零九口。十二年，復回八十二口。十三年，復回七十九口，尚遷移海島不准開復三百七十七口。至二十年，被寇届編審開除逃絶六百九十一口。至今所僅存者一千一百三十一口，派徵鹽課、遞年遵候司道會入，由單編徵。

歲編徭差、民壯、鹽鈔、驛傳、均平、兵餉共銀五千零七十二兩五錢五分九厘三毫，内除驛傳節裁銀九十兩列在起運項下解部充餉外，尚銀四千九百八十兩零五錢五分九厘三毫。内差徭併水脚共銀一千四百三十六兩一錢九分一厘一毫，遇閏加銀一百一十五兩七錢九分一厘六毫。

民壯併水脚共銀一千八百四十兩零八錢九分六厘九毫，遇閏加銀一百四十九兩二錢二分九厘七毫。

戶口塩鈔銀八十兩零八錢六分一厘一毫，遇閏加銀六兩二錢三分六厘八毫。驛傳併水脚及議增共銀四百零六兩九錢四分三厘五毫，遇閏加銀三兩一錢八分七厘一毫。

均平并水脚及續增共銀六百八十兩零三錢八分二厘三毫。

原北津寨兵餉銀二百四十四兩六钱三分四厘九毫，遇閏加銀二十兩零三錢八分六厘一毫，依民竈米派。康熙三年奉文併歸地丁。

戶部項下今《全書》由單，無另項派。

京庫銀八百八十七兩六錢零八厘，每兩帶徵滴珠銀一分，解京水脚銀二分，共二十六兩六錢二分八厘。又每年帶徵解司水脚銀一分，該九兩一錢四分二厘三毫滴珠傾入錠内起解水脚銀，給官吏盤纏，依官民竈米派。康熙三年奉文併歸地丁。

戶部項下今《全書》由單，無另項派。

地畝餉銀二千零五十八兩二錢六分零三毫。水脚銀三十兩零八錢七分三厘九毫正。

本縣儒學折色米銀一百六十一兩四錢，遇閏加銀十三兩四錢五分，依民竈米派。遞年會計由單派徵，折色俱奉。

藩司、糧道除徵銀兩改徵本色。康熙三年奉文併歸丁地。

戶部項下今《全書》由單，無另項派。

撥運電白神電倉折色米銀一百五十五兩九錢六分，遇閏加銀六兩六錢二分一厘，依民竈米派。遞年會計由單奉。

藩司、糧道票行除徵銀兩改徵本色。康熙三年，奉文併歸丁地。

戶部項下今《全書》由單，無另項派。

解司軍餉銀三百零一兩四錢一分一厘九毫，水脚銀三兩零一分四厘，依民竈米派。康熙三年奉文併歸丁地。

戶部項下今《全書》由單，無另項派。

驛傳節裁銀九十兩正。

均一料銀三百一十六兩七錢七分七厘八毫，解司水脚銀三兩一錢六分七厘八毫。四司料銀一百九十二兩二錢七分零一毫，解司水脚銀一兩九錢二分二厘七毫。通共銀五百一十四兩一錢三分八厘四毫，依官民竈米派。康熙三年奉文併歸丁地。

戶部項下今《全書》由單，無另派。

增派紫竹、梨木、翠毛等料銀一十三兩九錢二分零三毫，依官民竈米派。康熙三年奉文併歸丁地。

戶部項下今《全書》由單，無另項派。

鋪墊京估料銀併水脚共六十八兩三錢二分六厘七毫，依民竈米派。康熙三年奉文并歸丁地。

戶部項下今《全書》由單，無另項派。

軍器料銀併水脚共一十三兩六錢九分六厘七毫，依官民竈米派，徵完解司。

軍器藥材併水脚共銀二兩八錢一分七厘，依官民竈米派。康熙三年奉文併歸丁地。

戶部項下今《全書》由單，無另項派。

總兵廪糧改充兵餉銀二兩九錢三分七厘三毫，水脚銀二分九厘三毫，閏加一錢八分七厘八毫，依官民竈米派。康熙三年奉文併歸丁地。

戶部項下《全書》由單，無另項派。

官舍銅錢銀二十五兩五錢，依官民竈米併寧川所屯糧湊派。康熙三年奉文併歸丁地。

戶部項下《全書》由單，無另項派。

本縣廣積倉水[二]色米三千零七十一石三斗九升二合八勺，又夏農桑本色米一十六石五斗五升四合一勺，又開墾陞科本色米九斗三升四合九勺，三項共米三千零八十石八斗八升一合八勺，俱留支經制官兵糧食。康熙元年，奉遷無徵米三百四十四石九斗五升八合四勺，續遷無徵米一千二百七十石零九斗六升五合九勺三抄八撮，尚存實徵米一千四百七十二石九斗五升七合四勺六抄二撮。

康熙八年，奉旨展界，復回本色米二百零九石五斗三升二合四勺。九年，復回本色米三百三十一石三斗八升四合五勺三抄九撮。十年，復回本色米一百二十九石九斗五升七合五勺八抄三撮。十一年，復回本色米二百石零四斗四升三合八勺八抄二撮。十二年、十三年，復回本色米二百二十石零一升六合二勺三抄五撮。又坐落遷移海島未復無徵本色米五百二十三石一斗一升四合四勺八抄八撮。今現在墾復共本色米二千五百六十五石七斗六升七合三勺一抄二撮，逓年遵侯司道會入，由單派徵，撥支就地兵食。

苦哉遷田[三]，更苦哉遷民初歸。言之哽咽難述，見之流涕難禁。滿目荒凉，露棲野處，嗷嗷待哺，虎狼四驚。甚至遥望佩劍即逃，遠聞軍客即魂散者。屢見道左崩首牧宰泣訴曰：『歸而無依，且多驚懼，仍求去矣。』縣令黄公單騎遍歷郊野，逐村勸諭，安慰之，鼓舞之。牛種、鹽竈、農具、房資，悉為擔認。遷散之遺聞風始漸次來歸。各年除奉院司憲檄例給牛種外，黄令仍捐措稻種，安插資斧，親給遷復士民李震對、鄭珩日、鄭子球、孫興侯、陳真玉等七十餘甲為勸墾先資。此八、九、十、十一等年。有墾數即有給數也。嗣後當另紀焉。苦哉遷民，慶哉復遷民歟！丕矣皇仁之浩蕩！諸憲慈之恩，被乎黄令，其善承之矣。

[二]『水』，疑為『本』之誤。
[三]據《康熙八年吳川縣志》，當為『民』。

雜役

有均平，有民壯，有驛傳。

本年徭差額編銀兩解司充餉併水脚外，實存銀一千四百三十六兩一錢九分一厘一毫，遇閏加銀一百一十五兩七錢九分一厘六毫。又民壯銀一千八百四十兩零八錢九分六厘九毫，遇閏加銀一百四十九兩二錢二分九厘七毫。

一北京富戶一名編銀二兩。今留支經制官兵糧食。

一布政司解戶一名。編水脚銀五十兩，免差充餉銀三十兩。

共銀八十兩。水脚銀八錢。解司備支。

本府推官

俸銀二十七兩四錢九分，遇閏加銀二兩二錢九分零八毫。

薪銀三十六兩，遇閏加銀三兩正。

心紅紙張銀二十兩，遇閏加銀一兩六錢六分六厘六毫。

修宅家伙銀一十兩正。

桌幃傘扇銀一十兩正。

書辦八名。每名歲支工食銀一十兩零八錢，共銀八十六兩四錢。順治九年四月，會議每名月給銀五錢，歲共給銀四十八兩，裁扣銀三十八兩四錢解部，遇閏加銀七兩二錢正。照前會議每名給銀五錢，共銀四兩，扣銀三兩二錢解部。

門子二名。每名歲支工食銀七兩二錢，共銀一十四兩四錢。順治九年，会議每名月給五錢，歲共銀一十二兩，扣二兩四錢解部。遇閏加銀一兩二錢。照前會議每名給五錢，共給銀一兩，扣二錢解部。

步快八名。每名歲支工食銀七兩二錢，共銀五十七兩六錢。順治九年，會議每名月給五錢，共給銀四十八兩，扣九兩六錢解部。遇閏加銀四兩八錢。照前會議每名給五錢，共銀四兩，扣銀八錢解部。

皂隸十二名。每名歲支工食銀七兩二錢，共銀八十六兩四錢。順治九年，會議每名月給五錢，共銀七十二兩，扣一十四兩四錢解部。遇閏加銀七兩二錢。照前會議每名月給五錢，共銀六兩，扣一兩二錢解部。

燈夫二名。每名歲支工食銀七兩二錢，共銀一十四兩四錢。順治九年，會議每名月給五錢，共給銀一十二兩，扣二兩四錢解部。遇閏加銀一兩二錢。照前會議每名月給五錢，共銀一兩，扣二錢解部。

轎傘扇夫七名。每名歲支工食銀七兩二錢，共銀五十兩零四錢。順治九年，會議每名月給五錢，共銀四十二兩，扣八兩四錢解部。遇閏加銀四兩二錢。照前會議每名十五錢，共銀三兩五錢，扣七錢解部。

衙门奉裁官役，俸薪工食俱起解。

本縣知縣

俸銀二十七兩四錢九分。遇閏加銀二兩二錢九分零八毫。

薪銀三十六兩。節裁銀一十八兩四錢九分充餉，留支銀一十七兩五錢一分。閏銀三兩。裁銀一兩五錢四分零八毫充餉，留支銀一兩四錢五分九厘二毫。

心红紙張油燭銀三十兩。裁扣油燭銀一十兩充餉。遇閏加銀二兩五錢。裁銀八錢三分三厘四毫充餉，留支銀一兩六錢六分六厘六毫正。

修宅家伙銀二十兩。順治九年，會議全裁解部。

迎送上司傘扇銀十兩。全裁充餉。

書吏十二名。每名歲支工食銀十兩八錢，共銀一百二十九兩六錢。順治九年，會議每名月給銀五錢，歲共給銀七十二兩，扣銀五十七兩六錢解部。遇閏加銀十兩八錢。照前會議每名給五錢，共銀六兩，扣銀四兩八錢解部。康熙元年全裁。

門子二名。每名歲支工食銀七兩二錢，共銀一十四兩四錢。順治九年，會議每名月給五錢，共銀一十二兩，扣二兩四錢解部。遇閏加銀一兩二錢。照前會議每名月給五錢，共銀一兩，扣銀二錢解部。

皂隷一十六名。每名歲支工食銀七兩二錢，共銀一百一十五兩二錢。順治九年，會議每名月給五錢，歲共給銀九十六兩，扣一十九兩二錢解部。遇閏加銀九兩六錢。照前會議每名給五錢，共銀八兩，扣銀一兩六錢解部。

馬快八名。每名歲支工食銀料銀一十八兩，共銀一百四十四兩。順治九年，會議每名月給工食銀五錢，草料九錢，歲共給銀一百三十四兩四錢，共扣銀九兩六錢正解部。遇閏加銀十二兩。照前會議給工食銀五錢，草料九錢，共十一兩二錢，扣銀八錢正解部。

民壯五十名。每名歲支工食銀七兩二錢，共銀三百六十兩。順治九年，會議每名月給五錢，共銀三百兩，扣銀六十兩正解部。遇閏加銀三十兩。照前會議每名給五錢，共銀二十五兩，扣銀五兩解部。

燈夫四名。每名歲支工食銀七兩二錢，共銀二十八兩八錢。順治九年，會議每名月給五錢，共給二十四兩，扣四兩八錢解部。遇閏加銀二兩四錢。照前會議每名給五錢，共銀二兩，扣銀四錢解部。

看監禁卒八名。每名歲支工食銀七兩二錢，共銀五十七兩六錢。順治九年，會議每名月給五錢，共給四十八兩，扣銀九兩六錢解部。遇閏加四兩八錢。照前會議每名給五錢，共銀四兩，扣銀八錢解部。

修理監倉銀二十兩正。

轎傘扇夫七名。每名歲支工食銀七兩二錢，共銀五十兩零四錢。順治九年，會議每名月給五錢，共銀四十二兩，扣八兩四錢解部。遇閏加銀四兩二錢。照前會議每名給五錢，共銀三兩五錢，扣銀七錢解部。

庫書一名。歲支工食銀十二兩。順治九年，會議每月給五錢，共銀六兩，扣六兩解部。遇閏加銀一兩。照前會議給五錢，扣銀五錢解部。康熙元年全裁。

倉書一名。歲支工食銀十二兩。順治九年，會議每月給銀五錢，共銀六兩，扣銀六兩解部。遇閏加銀一兩。照前會議給銀五錢，扣銀五錢正解部。康熙元年全裁。

庫子四名。每名歲支工食銀七兩二錢，共銀二十八兩八錢。順治九年，會議每月給五錢，共銀二十四兩，扣銀四兩八錢正解部。遇閏加銀二兩四錢。照前會議每名給五錢，共銀二兩，扣銀四錢解部。

斗級四名。每名歲支工食銀七兩二錢，共銀二十八兩八錢。順治九年，會議每名每月給五錢，共銀二十四兩，扣銀四兩八錢解部。遇閏加銀二兩四錢。照前會議每名月給五錢，共銀二兩，扣銀四錢正解部。

縣丞

俸銀二十四兩三錢零二厘，遇閏加銀二兩零二分五厘二毫。

薪蔬銀二十四兩，遇閏加銀二兩正。

書辦一名。歲支工食銀七兩二錢。順治九年，會議每月給銀五錢，共銀六兩，扣一兩二錢解部。遇閏加銀六錢。照前會議給銀五錢，扣銀一錢解部。

門子一名。歲支工食銀七兩二錢。順治九年，會議每月給五錢，共給六兩，扣銀一兩二錢解部。遇閏加六錢。照前會議給五錢，扣銀一錢解部。

皂隸四名。每名歲支工食銀七兩二錢，共銀二十八兩八錢。順治九年，會議每名月給五錢，共給銀二十四兩，扣四兩八錢正解部。遇閏加銀二兩四錢正。照前會議每名給銀五錢，共給銀二兩，扣四錢解部。

馬夫一名。歲支工食銀七兩二錢。順治九年，會議每月給銀五錢，共給銀六兩，扣一兩二錢解部。遇閏加銀六錢正。照前會議給五錢，扣銀一錢解部。

衙門奉裁官役，俸薪工食一併起解。

典史

俸銀一十九兩五錢二分，遇閏加銀一兩六錢二分六厘六毫正。

薪銀一十二兩，遇閏加銀一兩正。

書辦一名。歲支工食銀七兩二錢。順治九年，會議每月給五錢，共給六兩，扣一兩二錢解部。遇閏加銀六錢。照前會議給五錢，扣一錢解部。康熙元年全裁。

門子一名。歲支工食銀七兩二錢。順治九年，會議每月給五錢，共給六兩，扣一兩二錢解部。遇閏加銀六錢。照前會議給銀五錢，扣銀一錢解部。

皂隸四名。每名歲支工食銀七兩二錢，共銀二十八兩八錢。順治九年，會議每名月給五錢，共給銀二十四兩，扣銀四兩八錢正解部。遇閏加銀二兩四錢。照前會議每名給五錢，共銀二兩，扣銀四錢解部。

馬夫一名。歲支工食銀七兩二錢。順治九年，會議每月給銀五錢，共銀六兩，扣銀一兩二錢解部。遇閏加銀六錢正。照前會議給五錢，扣銀一錢解部。

本縣儒學教諭

俸銀一十九兩五錢二分，遇閏加銀一兩六錢二分六厘六毫正。

薪銀一十二兩，遇閏加銀一兩正。

齋夫三名。每名歲支工食銀一十二兩，共銀三十六兩，遇閏加銀三兩正。

門子三名。每名歲支工食銀七兩二錢，共銀二十一兩六錢，遇閏加銀一兩八錢。

喂馬草料銀一十二兩正。

衙門奉裁官役，俸薪工食俱起解。

訓導

俸銀一十九兩五錢二分，遇閏加銀一兩六錢二分六厘六毫正。

薪銀一十二兩，遇閏加銀一兩正。

齋夫三名。每名歲支工食銀一十二兩，共銀三十六兩，遇閏加銀三兩正。

書辦一名。歲支工食銀七兩二錢，遇閏加銀六錢。康熙元年全裁。

門子二名。每名歲支工食銀七兩二錢，共銀一十四兩四錢，遇閏加銀一兩二錢。

膳夫二名。每名歲支工食銀二十兩，共銀四十兩。係廩生領支，遇閏加銀三兩三錢三分三厘七毫。康熙二年奉文存三分之一。

教官喂馬草料銀一十二兩正。

廣積倉大使

俸銀一十九兩五錢二分，遇閏加銀一兩六錢二分六厘六毫正。

薪銀一十二兩，遇閏加銀一兩正。

書辦一名。歲支工食銀七兩二錢。順治九年，會議每歲〔一〕給五錢，共銀六兩，扣一兩二錢解部。遇閏加銀六錢。照前會議給五錢，扣銀一錢解部。

皂隸二名。每名歲支工食銀七兩二錢，共銀一十四兩四錢。順治九年，會議每名月給五錢，共銀一十二兩，扣銀二兩四錢解部。遇閏加銀一兩二錢。照前會議每名給五錢，共銀一兩，扣銀二錢解部。

衙門奉裁官役，俸薪工食俱起解。

茂暉場大使

俸銀一十九兩五錢二分，遇閏加銀一兩六錢二分六厘六毫正。

薪銀一十二兩，遇閏加銀一兩正。

書辦一名。歲支工食銀七兩二錢。順治九年，會議每月給五錢，共給六兩，扣銀一兩二錢解部。遇閏加銀六錢。照前會議給五錢，扣銀一錢解部。康熙元年全裁。

皂隸二名。每名歲支工食銀七兩二錢，共銀十四兩四錢。順治九年，會議每名月給五錢，共給一十二兩，扣二兩四錢解部。遇閏加銀一兩二錢。照前會議每名給五錢，共銀一兩，扣銀二錢正解部。

衙門奉裁官役，俸薪工食俱起解。康熙九年，内設復場官，前項俸食銀兩詳准留還支給。

〔一〕疑為『月』之誤。

本縣儒學廪生二十名。每名歲支廪糧銀七兩二錢，共銀一百四十四兩。康熙二年全裁。

會議舉人水手銀四兩七錢四分二厘九毫正。

縣前、川滘等五處舖司兵十二名。每名歲支工食銀六兩，共銀七十二兩。遇閏加銀六兩。

差壯、塩鈔、餘剩併富户銀九百八十九兩一錢二分四厘二毫，遇閏加銀一百兩零八錢一分八厘四毫，

議留支新定經制官兵糧食。

均平額編銀六百八十兩零三錢八分二厘三毫九絲六忽六微，支解細數列後：

一拜牌、習儀、香燭銀五錢正。

一本府拜進表至省盤纏銀一兩。半留充餉，半留解府。

一春秋二祭文廟共銀三十六兩正。

啓聖、名宦、鄉賢祠共銀一十四兩五錢四分。

山川壇十二兩三錢四分正。

社稷壇七兩六錢六分正。

應祀神祇五兩正。

無祀鬼神三祭共一十五兩正。

一解府頒曆書銀一兩正。

一門神桃符銀八錢正。裁扣充餉。

一迎春、芒神、土牛、春花、三牲、祈雨、謝雷香燭牲銀七兩正。

一兩次鄉飲銀十三兩正。半裁充餉。

一本縣朔望行香銀四兩正。今扣充餉。

一本縣答應夫馬併續增共銀一百五十兩正。

一協助電白縣銀三十二兩正。

一府學歲貢盤纏花酒席共銀一十八兩。

一察院考觀風生員合用心紅紙劄等項銀二兩五錢，未有裁扣。惟閱操犒賞官兵花紅銀二兩五錢正。裁扣充餉。

一應朝官員酒席造册紙筆銀二兩三錢四分正。

本府官吏盤纏銀八兩三錢零二毫正。

本縣官吏盤纏銀三十三兩一錢六分六厘七毫。遇朝覲之年照支，非朝覲之年扣解。

一舉人會試水手併酒席，每年派銀一十二兩三錢三分二厘五毫，又新增銀六兩三錢三分三厘三毫正。

一縣學新貢生盤纏酒席銀三十五兩正。

一歲貢生員童生入學合用米餅銀二兩六錢六分六厘六毫正。半扣充餉。

一科舉生員盤纏花紅酒席共銀一十八兩六錢六分六厘七毫，内扣三兩一錢一分一厘一毫充餉，尚銀一十五兩五錢五分五厘六毫正留支。

雜辦歲派銀七十九兩七錢二分一厘八毫，內裁充餉銀七兩九錢二分一厘八毫，實留銀七十一兩八錢，貯候分支，未盡合用事宜。

一孤老柴布銀三十兩零二錢五分一厘九毫。自康熙四年奉文除解充餉銀一十兩零八分三厘九毫六絲，尚留支銀二十兩一錢六分七厘九毫四絲正，按月支給。

均平餘剩銀九十八兩七錢六分二厘六毫，議留支新定經制官兵糧食。

原議增把守官兵餉銀四百六十七兩一錢二分八厘九毫正。

明代本縣科舉生員二十四名，原議增盤纏銀三十八兩一錢五分五厘五毫正。

本府推官民壯八名。每名歲支工食銀七兩二錢，共銀五十七兩六錢。順治九年，會議每名月給五錢，共給銀四十八兩，扣銀九兩六錢正解部。遇閏加銀四兩八錢。照前會議每名月給五錢，扣銀八錢解部。

一本縣守城經制民壯五十名。每名歲支工食銀七兩二錢，共銀三百六十兩。順治九年，會議每名月給五錢，共銀三百兩，扣銀六十兩正解部。遇閏加銀三十兩。照前會議每名給五錢，共給二十五兩，扣銀五兩解部。

一撥協助新和驛銀一百六十一兩一錢零二厘一毫正。

一協助三合驛銀六十九兩九錢四分一厘一毫正。

一撥協助掘垌驛銀一十七兩七錢四分二厘二毫九絲正。

一協助息安驛銀一十五兩正。

一協助古潘驛銀二十八兩八錢正。

一協助電白縣銀二十八兩三錢八分七厘六毫，遞年移解電白，湊解起運。驛傳節裁。

一議增協助古潘、新和、息安三驛添僱夫馬銀一十四兩零二分六厘一毫。閏加銀一兩一錢六分八厘九毫正。

一議增協助三合驛添僱夫馬銀二十四兩二錢一分八厘六毫。閏加銀二兩零一分八厘二毫正。

已上協助，共銀三百五十九兩二錢零七厘二毫，遞年起解。驛傳道投納支應。

驛傳餘剩銀四十七兩七錢二分六厘三毫，議留支新定經制官兵糧食。

歲派雜賦

魚課米派銀一百四十八兩一錢八分九厘七毫，每兩帶徵解司水脚銀一分，該銀一兩四錢八分一厘九毫，閏加銀一十二兩四錢七分二厘六毫。依舊課米，每石派銀三錢三分三厘五毫。康熙元年，奉遷界外無徵。八年，展界。九年，復回魚課米銀八兩零五分九厘一毫六絲九忽，於康熙十二年陞科。

魚油料併解京水脚共銀六十四兩五錢一分四厘八毫，帶徵解司水脚銀一分，該銀六錢四分五厘一毫，閏加銀五兩四錢三分八厘二毫。依舊課米，每石徵銀一錢四分五厘一毫。康熙元年，奉遷界外無徵。八年，開界，聽部文酌復。

塩鈔

邑男成女大計六千一百四十四丁口，皆從半徵。每丁口派徵塩鈔銀一分三厘一毫六絲一忽，共銀八十兩零八錢六分一厘一毫，遇閏加銀六兩二錢三分六厘八毫。兩奉遷移二千七百零三丁口，無徵銀三十五兩五錢七分四厘一毫。八年，開界，聽部文酌復。

歲辦塩課

竈籍。本縣南二都正辦竈丁二百九十，南二〔一〕都正辦竈丁四百，東隅七甲正辦竈丁七名，共六百九十七丁。歲該課銀三百六十八兩三錢五分九厘三毫七絲五忽。竈田税二百六十頃零三十九畝三分，折改米七百七十五石六斗五升六合五勺八抄。第南二、南三兩都併東隅七甲，附居邊海，前俱奉遷，塩田盡在界外，課銀無徵。今康熙八年，奉旨展界，招回竈丁一百七十四丁，五分係南二都地面，則例每丁該銀四錢七分一厘五毫，共應徵復課銀八十二兩二錢七分六厘七毫五絲。九年，分招回竈丁一百八十五丁，

〔一〕疑為『三』之误。

五分係南二都，則例每丁額徵課銀四錢七分一厘五毫，共應徵課銀八十七兩四錢六分三厘二毫五絲正。

尚未復竈丁三百三十七丁，係南三都，則例每丁該銀五錢八分九厘三毫七絲五忽，共未復課銀一百九十八兩六錢一分九厘四毫。因塩田坐落南三都地面，四面環海，無陸路可通，係屬島嶼，奉文不准招丁開墾。

吳川縣志卷之三

人物志

選舉

進士

宋

元祐間榜

鞠杲。鄉賢有傳。

寶祐丙辰文天祥榜

陳惟中。字子敬。五甲。文昌縣尹。有傳。

咸淳乙丑榜

吴頤。号味淡。五甲。光禄寺卿。

明

洪武乙丑丁顯榜

林和。三甲。光禄寺署正。

顧禎。三甲。光禄寺署正。

鄭鎔。三甲。山西道御史。

正統戊辰彭時榜

李濬。未仕。

天順丁丑黎淳榜

簫惟昌。二甲。錦衣衛籍，中順天卿〔一〕試，戶部主事。

弘治庚戊〔二〕錢福榜

林廷瓛。字公器。三甲。永嘉縣知縣，陞蘇州府同知。『鄉賢』有傳。

崇禎戊辰劉若宰榜

〔一〕『卿』，疑為『鄉』之誤。
〔二〕『戊』，疑為『戌』之誤。

吳鼎泰。字葆中。三甲。歷任江南常州府江陰、直隸大明府東明、浙江處州府龍泉縣知縣，两淮運使。崇禎癸酉南闈同考。『鄉賢』有傳。

鄉舉

宋

熙寧間

鞠杲。見『進士』。

嘉定壬午科

林兼山。

林可山。湖廣解元。

淳祐丙午科

李淩雲。解元。

寶祐乙卯科

陳惟中。見『進士』。

景定甲子科

吳頤。見『進士』。

咸淳丁卯科

林秀甫。任瓊府定安教諭。

林仲甫。兄弟同廣西榜。任泰州學正。

元

延祐戌〔一〕午科

林顒。

明

洪武甲子科

林和。見『進士』。

鄭鎔。見『進士』。

〔一〕『戌』，應為『戊』之誤。

顧禎。見『進士』。

易璘。廣西中式。

丁卯科

林兼濟。靖州學正。

林原宥。興業教諭。

庚午科

吴孔昭。任雲南御史。

陳璆。由貢中天順鄉試。任福州府教授。

癸酉科

陳鵬。任廣西梧州府知府。

丙子科

吴孔光。孔昭從弟。雲南蒙自教諭。

孫廸哲。應天鄉試中式。任廣西宜山教諭。

永樂癸未科

陳乾。四川渠縣教諭。

彭完義。湖廣通州教諭。

乙酉科

陳保。交趾長津教諭。

戌〔一〕子科

黎遲。交趾上蘭知縣。

辛卯科

陳英。交趾都和典史。

黃俊。交趾王麻州吏目。

陳懋。交趾屬縣典史。

甲午科

楊禧。廣西典安訓導。

陳珩。

丁酉科

林密。廣西容縣訓導。

癸卯科

〔一〕『戌』，應為『戊』之誤。

吳埜。一名灝，孔光子。隨任，中雲南鄉試。任江西雩都訓導。

黄敏。廣西貴州訓導。

羅倫。廣西宜山教諭。

宣德壬子科

孫弘。廣西陸川教諭。

乙卯科

陳韶。廣西羅城教諭。

正統戊午科

李珏。廣西平樂府訓導。

易恒。江南如皋知縣。

李冕。未仕。

林球。任口〔一〕。

辛酉科

陳瑗。經魁。未仕。

〔一〕 據《康熙八年吳川縣志》，當為『未仕』。

甲子科

易磷。梧州府教授。

丁卯科

凌霞。未仕。

李濬。見『進士』。

景泰庚午科

陳達。韶之子。任福建德化教諭。

吳濬。廣西橫州學正。

蕭惟昌。進士。

癸酉科

史孜。浦江訓導。

梁守正。山東金鄉教諭。

成化戊子科

林廷璋。廷瓛兄。未仕。

辛卯科

李芳。珏子。任南京兵馬司指揮。

甲午科

吳朝玉。歷冑監中式。任長沙府通判。

丁酉科

陳暹。韶之子。任廣西容縣教諭。

林廷瓛。璋弟。見『進士』。

丙午科

林世榮。未仕。

弘治壬子科

高鴻。淮安府教授。

乙卯科

陳天驥。未仕。

陳瓚。

正德庚午科

林顯。任桂林府教諭。

癸酉科

陳策。任瓊州府教授。

丙子科

林秉全。廷瓛子。歷胄監，任建寧府通判。

嘉靖壬午科

吴淮。任通判。

乙酉科

蕭廷輝。任長沙知縣。

戊子科

李德貞。任天長知縣。

癸卯科

李尚德。任福安知縣。

萬曆乙酉科

吴廷彦。任福建興化府通判。萬曆二十六年，同前令周公建雙峰塔。二十七年，纂修邑志。

己酉科

吴鼎泰。鼎元兄。見『進士』。

吴鼎元。鼎泰弟，與兄同榜。任江西袁州府、廣西太平府推官，陞四川順慶府同知。有傳。

乙卯科

吳一善。亞魁，改名應祥。任雷州府徐聞縣教諭，陞廣西柳州府象州知州。有傳。

天啓辛酉科

麥倫。任浙江嘉興府通判。

吳鼎和。未仕。有傳。

崇禎癸酉科

龍逢聖。未仕。

己卯科

陳紹顔。經魁。未仕。

陳參兩。未仕。醇朴篤學。

壬午科

陳聯第。未仕。持己謙謹，處友和敬。

國朝

康熙癸卯科

吳士望。鼎泰子。康熙八年，仝邑令黄公重修縣志。十一年，奉旨復修。十二年，揀選知縣。禀性温醇，雅不類俗。

徵辟

元

林成甫。由明經舉授瓊府教授。秀仲兄。

明

吳友文。由人才授本府訓導。

黄伯諒。由儒士授湖廣南靜知縣。

黄宜興。由儒士授湖廣興陽知縣。

林瑶。由文學授行人司司正。

姚守正。由人才授山西徐滿主簿。

李俊忠。

歲貢

元

吳仕元。教諭。
吳貢元。教諭。
吳應詔。教諭。
吳應誥。教諭。

明

洪武年
陳璆。舉人。
張謂。歷胄監，任容縣令。
孫廸哲。舉人。
吳體文。就監授光禄監事。
永樂年

劉中。歷胄監，任交趾諒山府同知。

梁煥。歷胄監，任交趾大瀆縣主簿。

李垣。歷胄監，任交趾清波縣主簿。

吳鼎。任交趾上司州吏目。

林宗興。任交趾鎮蠻府檢校。

吳彬。孔光子。

陳仕朝。

林譜。

吳鶚。歷胄監，任知事。

林煥興。

宣德年

蔡純。

李清。任廣西檢校。

李本誠。任賀縣知縣。

張光倫。

正統年

易磷。舉人。

余誠。任直隸臨淮知縣。

李華。任常熟知縣。

楊倫。

黃暹。任同知。

吳烋。任衛經歷。

梁諝。任泰寧主簿。

莫讓。任陽江典史。

李允。

景泰年

吳俊。任潯州知縣。

鄭鰲。

黎英。

張儒。

林杰。瓛堂伯，任寶慶府照磨。

天順年

孫瓚。任慶遠府推官，改柳州府，九載致仕。

成化年

丘順。任藤縣主簿。

陳諶。任訓導。

劉廣。

吳璣。任馬平知縣。

李宗。任經歷。

鄭琦。

林鵬。任衛經歷。

黄榮。

林廷珪。瓛兄。

文耀。

伍湖瀾。

林廷玉。瓛兄。江西縣丞。

陳紹學。任贛州府訓導。

孫彦。任句容主簿。

莫正立。任吳江縣主簿。
羅顯用。
陳厚。
李常。任瓊州府訓導。
林全忠。任訓導。
楊茂。任湖廣流湘訓導。
李弼。任訓導。
张鳳岐。
陳濬。任懷集訓導。
李名實。任容縣訓導。
陳績德。
易學就。任樂清訓導。
楊朝會。任南康府訓導。
陳廷實。
張士望。
譚中懷。

李曙。考授訓導。未仕。
彭斐。任瓊山訓導。
弘治年
盧麟。
易章。
譚論。任漳浦訓導。
丘芳。任寧波府經歷。
李凌雲。任松溪教諭。
吳貞吉。
梁豪。
吳經綸。任臨江府訓導。
蘇俊。任延平訓導。
伍桂。任興安訓導。
正德年
孙时舉。
李朝陽。任文昌教諭。

易中。
孫良。任柳城訓導。
易彥。任福寧州訓導。
吳廷秀。任彌勒州吏目。
梁謨。
林起莘。
林才傑。任蒼梧知縣。
黃中。任江華訓導。
嘉靖年
吳國器。任廬陵訓導。
李明。任沙縣主簿。
林秉性。廷瓛子。任吉水主薄。
陳鎰。任光澤教諭。
陳朝元。任政和知縣。
李萃。任平南訓導。
李魁。任寧國府經歷。

李世嘉。任興安訓導。

陳明德。

陳善藝。

陳時宜。

林灝。秉全子。

李志乾。選貢。

甯斐。任龍溪教諭。

林憲武。

林彦相。任歙縣教諭。

楊景芳。任太倉州訓導。

李觀光。任陽朔教諭。

梁國器。任崖州訓導。

林肇昌。學賢父。任岷〔二〕府教授。

易元吉。任本府訓導。

〔二〕『岷』，疑為『岷』之誤。

李志弘。
林伯表。邵武教授，陞淮府紀善。
陳廣業。
陳廷瑄。
陳惟精。任蘭谿訓導。
孫朝用。
梁第魁。任漳州府訓導。
史廣記。
李景烈。
李邦寵。任文昌訓導。
黃思温。任博白教諭。
林渤。秉全子。
陳道顯。
李道立。
吳允廸。
李汝諧。

吳巨源。
林惟鎮。任陽江教諭。
姚守中。
林滯。秉性子。任廉州府訓導。
易有孚。
黄恩重。
黄鼎重。任邵武府教授。
梁建中。
黄仲仁。
苑瓊。終岷府授。
劉邦奇。任遂溪訓導。
吳一廸。
麥璣。任廣信府教授。
譚廷佐。
隆慶年
李屹。授教職。未仕。

甯汝賢。任福建訓導。

李鳳翥。任合浦訓導。

薛邦政。任萬州學正，陞岷府〔一〕授。

曾尚明。任福建平海衛學。

萬曆年

林肇泰。肇昌兄。

潘廷瑞。江西崇義訓導，陞惠州府教授。

林漸階。任澄邁訓導。

李彦輔。任上饒教諭。

李夢周。任常州府訓導，陞淮府教授。

李森。任瓊州府訓導。

丘國舉。任安定教諭。

楊謙。任增城教諭。

韓仲仁。任延平府訓導。

〔一〕疑缺漏「教」。

陳守諒。任漢陽府訓導，陞淮府〔二〕授。

陳日遷。任建安縣丞，陞淮府紀善。

吳禀純。泰元和初，任高要訓導，陞感恩教諭。有傳。

李資乾。任羅定州學正。

彭克試。任韶州府訓導，陞柳城教諭。

李兆龍。候選訓導。

丘如嵩。任南海訓導。

林學賢。肇昌子。任全州府教授。

丘國望。任順德訓導，陞淮陽教諭。

黄績。選貢。

李旻。選貢。任太倉州判，陞周府審理。文行兼優，九戰棘闈。當官確循直道，居鄉類多義舉。

韓悅思。恩貢。任太和縣丞。

李仲煌。任潮州府訓導。持己足為坊表，士類賴其曲全，通庠建祠尸祝之。後陞雷州教授，淮府紀善。

李晟。恩貢。

〔二〕疑缺漏「教」。

丘從周。

葉鵬。任萬州訓導。

崔喬茂。

吴紹鄒。泰元父。不仕，見『貤〔一〕贈』，有傳。

林懋賞。

林懋績。任長樂訓導。

王貂。

陳世胄。

李鼎。歷任番禺訓導、靈山教諭、肇慶教授。克勤克儉，不自滿假。友教多士，咸沐薰陶。二學諸生勒碑以誌不忘云。

李秋標。任湖廣安化縣教諭。

吴崇德。遙授訓導。

陳廷瓚。任崖州學正。

林有譽。任湖廣靖州訓導、封川教諭，陞湖廣鄖陽府經歷。有傳。

楊一英。

〔一〕當為『封』。

泰昌年

林自得。恩貢。任浙江海寧縣主簿。

天啓年

梁麟祥。恩貢。

吳光裕。歷任封川訓導、順德教諭，廣西潯州府教授。

林華棟。副榜堆〔一〕監。

楊潮。

李偉標。惠州府教授。

麥峻。歷任惠州訓導、福安教諭、鎮海衛教授。

凌尚仁。

崇禎年

吳士甫。鼎元子。戊辰府恩貢。

林柱鼎。戊辰恩貢。

常宗思。選貢。歷任浙江金華府通判，延率鄉黨，宗族凜遵，嘉言懿行，大有古處君子風。享年九十有六，士夫公羡，曰『盛代

〔一〕『堆』，疑為『准』之誤。

碩德』云云。

李應陽。任東莞訓導。

劉化。任南海訓導。

陳在宸。

譚弘基。乙卯拔貢。

陳奇偉。未仕。秉心醇謹，制行狷介。

陳光世。

李粹。

吳士霖。鼎元子。署澄邁訓導。

陳敏。

易崇周。

林廼熖。壬午歲貢。順治十四年，奉上旌奬尚義。

林浩蓁。

林瓊樹。恩貢。

陳應龍。

甯衍武。

吳鼎羙。持躬德礼，是尚訓子，義方惟嚴。

林柱國。

常懋庸。壬午副榜淮〔一〕貢。

林浩芫。恩貢。任徐聞訓□〔二〕。

吳孟褒。

陳振魁。

國朝

順治年

吳士望。見『舉人』。

陳鳴登。候銓。

常脩庸。

梁挺秀。拔貢。

梁挺芳。府拔貢。兄弟同胞同榜。

〔一〕『淮』，疑為『准』之誤。

〔三〕原文缺，據《康熙八年吳川縣志》，補為『導』。

陳春第。端方尚義，有古俠氣。
林昌宙。府貢。
李參天。府貢。孝友克敦，勤儉成性。邑中之士多受其訓迪云。
姚太祥。
麥華岐。
林可樑。冲怡博達，恬澹山林。吳邑能文之士多有出其門下者。
康熙年
龍正伸。
吳夢伯。恩貢。事親以孝，持己以恭。慕義凜凜，樂善融融，而且博通經史。
彭毓祥。府貢。
吳聯魁。
林震煜。康熙二十三年，奉上作《輿圖說》。
林間挺。順治十四年，奉旨旌獎尚義給扁，案存當年收埋枯骨義塚，立在壇地外邊嶺之東。
李孫虬。
陳二生。府貢。
關名魁。
梁鼎鰲。

林震乾。

麥秀岐。府貢。

李炳倫。

李鳳英。府貢。

陳曾啓。

吳仲超。

吳冲雲。恩拔。見『赴監』。

例貢

明

陳道亨。

吳睿。賦資樂易，不以世務攖心。教子成立，人謂盛德之報云。

楊甘來。雷州府學司訓。

李孫豸。

例監〔一〕

明

黃鑑。

林弘高。

林廷棟。

李弘泰。考授通判職，未任。敬以持己，讓以接物。

劉寧邦。

林華陽。

林天俊。

林祉。事二母而間言不生，處鄉儕而賙恤不吝。

吳乾時。

吳光宸。

〔一〕目録原為『官』，據此改為『監』。

吳聖祝。
陳孔垂。
魯先聲。
陳廷選。德行云云。
康熙十二年春王正月，恭逢盛典，快覩修會，本庠
廪生
林間挺。
林震煜。
李作楫。
吳聯魁。
梁鼎鰲。
莫立異。
林玉瑩。
易經世。
林孔昇。
麥方惠。

李孫虬。
林震乾。
陳廷冠。
吳士楫。
李炳倫。
林奇樹。本庠。
陳二生。
林新宙。
李鳳英。
關名魁。
麥秀岐。
楊天開。例撥府庠。
增廣
吳仲超。
林瑶植。
陳曾啓。

曾允一。
瞿翔萬。
林書馨。
常道庸。
林天球。
伍懋隆。
林中桂。本庠。
楊廷春。
李芍苞。
吳子珩。
林上謨。例撥府庠。
附學
龐定一。
林上松。
陳道。
吳麟發。

李甲春。
林魁士。
龍霞輝。
林之華。
吳育仁。
吳士灝。
吳士澄。
鄧玉秀。
陳劼毖。
吳載錫。
李常荣。
陳鷂章。
林翰墨。
林湛。
吳嘉禎。
林翊文。

李九疇。
吴士佳。
林中檜。
龐傳一。
陳繼路。
常仁。
林魁吉。
林天茂。
蕭經衍。
林懿標。
甯珍。
林樹德。
林雲生。
陳錫。
龐啓明。
龍作肅。

龍欲賁。
鄒藎臣。
楊健行。
鄭蘭玉。
林太奇。
李三登。
陳世鵬。
李駿登。
吳濟諾。
陳三按。
李桃似。
吳匡世。
李九鼎。
吳大登。
黃虎變。
陳瑾。

吳光綸。
陳祥發。
李方新。
黃元乙。
關文譽。
林萼芳。
林森。
林魁英。
張永祚。
林弘培。
林巨欽。
陳璣。
吳國佐。
鄭震生。本庠。
林于翰。
楊特選。
錢士遴。

鄭子璿。
李元禧。
吳瓊嶽。
錢應選。
鄭壯日。
陳鷄彥。
梁夢梓。
楊文德。
龍亨衢。
林其瀚。
林中松。
莫比倫。
楊擢秀。
林魁彥。
李尤。
李作翰。
王臣。

李上枝。
楊萬英。
李上偉。
林聞馨。
吳嘉禧。
陳珩。
陳士璉。
陳靖忠。
潘鰲。
吳永仁。
常球。
楊繼德。
吴士鐸。
陈彛璨。
楊鵬來。
陳璉。
楊上第。

楊應春。
楊道行。
楊逢春。
楊庸行。
楊躬行。
楊果行。
楊鳳至。
楊玉樹。例撥府庠。

武庠

彭亮策。
林承武。
吳衍甫。
楊春華。
陳毅功。
陳洪勳。
陳武功。
林震蕃。

陳奇謨。
吳鉉玉。
張偉觀。
李元璞。
易鄭健。
陳嘉猷。
陳弘功。
易經漢。
李正位。
李應運。
林上策。
葉奇。
彭亮忠。
吳龍高。
劉輔廷。
吳弘功。

林簡生。
陳佳秀。
凌會斌。
陈皆緯。
駱鳴廷。本庠。
翟莫京。
龍士張。
吳裔超。
劉國銓。
鄭龍運。
林于斌。
林長甲。
林邦憲。例撥府庠。

青衿從未槩〔一〕登誌籍，但共際休風，慶睹嘉會，且遷殘邊疆，芳踪未甚多見，固不容以寥寥諸友，而遽擲諸誌載也。往哲云：『名

〔一〕疑為『槩』之誤。

者，古今之美器，造物之所深忌。』又云：『名者，實之賓也。』諸友當清夜切切自維，何以仰副巨典，無愧文獻乎？是必存心則明鏡止水也，立身則泰山喬嶽也，應事則青天白日，而待人則光風霽月也。庶幾乘誌觀覽無負焉。至若勵精緑牕，勤勤經史，奮志觀光，輝煌國典。嚴父兄，良師友，共廸黽勉，無負搦管者，濡筆慇慇苦心焉。總期珍誌榮誌而可，勉旃勉旃。

封贈

宋

吴蒲。以子頤貴贈光禄寺卿，配□氏誥封宜人。

明

蕭希聖。子惟昌，貴贈承德郎，配莊氏贈安人。

林焕。子廷獻，貴贈文林郎，配陈氏封孺人。

吴紹鄒，號道宇，上郭人，贈文林郎。生而穎敏，舞勺受書，日數千言。以儒士試棘闈，幾歷數奇不遇，竟以明經隸選籍。事親先意承志，曲盡其歡。父掌教感恩，卒宦邸。訃聞，躃踴幾絶。跣奔扶櫬歸，俗忌鮮庭入，獨撫棺慟哭，直納中庭。時人服其識而大其孝。弟妹弱植未樹，咸盡力撫育。族有别駕自閩歸羊城，無子，只二媵，病卒旅邸。含襚棺殮，悉賴周護，且籍其遺橐授以歸，纖毫不與。郡邑均重其高誼焉。配林氏，勑贈孺人。子二。伯鼎泰，進士，歷任江陰、東明、龍泉知縣，兩淮運使。仲鼎元，鄉雋，歷任袁州、太平推官，順慶同知。孫士望，孝廉，士甫、士袞、士霖，明經。後先濟美，無愧延陵世家云。

吏員

宋

丘恩。

武職

元

林德馨。名邑把總，征寇阵亡。经兩院扁奬殉義。

鄉賢

宋

鞠泉，邑附郭人。其先河南鞠詠之後也。宋元祐初登進士，元符中，惇、卞輩以憸邪戈矛善類，簸弄朝政。先生獨懷憤懑，入京上書，數其罪惡，辭抗直而切至。即罹黨錮籍，而直聲正氣，猶足令異代起敬而追慕云。

陳惟中，字子敬，邑人。寶祐四年進士，任文昌縣尹，忠義植自天性。

李凌雲，邑附郭人。生有淑質，穎邁能文。及長，重厚寡言，以博學篤行舉於鄉。恬澹不樂仕。崇祀鄉賢。

陳子全，邑人，子敬兄也。以上舍為盧陵縣丞。景炎丁丑，聞元兵陷臨安，同主簿吳希爽、尉王夢應勤王起兵，復袁州。後為元兵敗，走湘部，諸縣相繼陷没，子全中流矢死，希爽力戰死，夢應收殘卒趨永新，力不能支，亦死。今盧陵稱為『三忠』云。

元

張友明，附郭人。性負忠義，而尤以勇敢膂力之强稱。元至正九年，海寇犯合浦，焰逼瓊山。游弘道時判化州路承宣慰司，檄義招為先鋒，會高、廉、瓊諸郡兵，艘數十，合追遁寇於海南澄邁之石蠼港。將有一當十、百當千之勢，俄為海南番兵赴水走，寇棄〔二〕勝四合，諸官兵遁免，獨友明以孤軍倡遊弘道，木蘖飛、羅武德從之，殊死決戰，俱以乏援兵、力不支而死。邑人哀而思之，乃祀於郡。而邑未舉，則良有司責也。

明

林廷瓛，號南峯，南隅下郭人。受業陳白沙先生，登弘治庚戌進士。初令永嘉，開拓學宮，興起斯文，享祀名宦。遷建昌同知，清戎裕餉，廉敏公慎。未幾以內艱去。蘇士民鼎建生祠，以為去後思，亦祀名宦。後補蘇州，嚴革織造陋規，大甦民困。公生平篤志理學，功名富貴澹如也，故亦不得大用，誠無愧白沙高弟云。子二。長秉全，孝廉。次秉性，明經。

吳鼎泰，號陽衢，南隅上郭人。性秉謙醇，誼敦孝友。事父母致敬致養，孺慕終身勿替。執親喪，哀毀骨立。終三年，未嘗御酒餔。少篤志於學，垂髫試高等領餼。萬曆己酉，與弟鼎元同舉於鄉。崇禎戊辰成進士，初任江陰，六載勤民，惠政彰諸歌頌。定條鞭，公役米，革官戶，嚴寄莊，禁脚馬，絕羡

〔二〕疑為『乘』之誤。

耗，且捐俸防飢，沙田充餉，倉移青暘，糧均漕白，此其大者也，餘未能謦咳。畢而又分校南闈，綱羅八〔二〕士，門多桃李與。無何，以指韋弗工，改調而去。邑人思之，建遺愛於青暘。因摭其政績上當事，祀諸名宦焉。至調東明，適寇披猖，設方畧守禦，有尹鐸桿圉之勳。調龍泉，清慎如素。歷三月，解組，士民遮留載道。此又善政，勒之貞珉可攷也。及給假歸里，償捐己資，置祀田，設義學，助婚喪，族人與里閈無不受其賜焉。迄今蘭桂簇起，明經則伯子士衮，孝廉則仲子士望，其季子士佳，孫嘉祉、嘉禧、嘉禎，均列黌序，咸曰『食德之報也』。郡縣諸生與里民慕其碩德弗能忘，遂以其行白於督學。督學曰：『賢如某宦，固當尸而祝之也。』今郡邑鄉賢並視〔三〕焉。詞詠見後。

吳稟純，號養吾，邑上郭人。明經，任感恩教諭。賦性醇孝，制行端方。時父母及大父母均沾疫，骨肉中有避匿者，獨夫婦扶左扶右，親嘗藥浣滌。既而，病者同月後先彌留，昕夕哀毀，疫竟弗侵。復值海寇犯境，焚掠勢焰，毅然不顧，躬負漸泥塗，襯四喪，幸獲免。遇饑，覔升斗不以私，伯仲必分焉。士論服其孝友而欽之。初授高要訓，能淑士，循循榘範，有蘇湖風。繼遷感恩諭，給貧士膏，解醉生危，焚新進券，又其表表者。崇禎間，郡邑諸生高其德，僉舉鄉賢，而惜厄於時。二子。伯紹鄒，明經。仲紹洛，儒官。孫七。鼎泰，進士。鼎元、鼎和咸舉於鄉。鼎燊，明經。曾孫二十。士望又以鄉雋繼起，

〔二〕疑為『人』之誤。
〔三〕疑為『祀』之誤。

士甫、士衮、士霖皆明經，餘悉列黌宮。詵詵振振，簪組蟬聯，人謂積德之報云。

吳鼎元，號仁衢，邑上郭人。己酉，雋於鄉，袁州司李，折獄惟明，有於張風。及遷太平，奉詔四省，會剿湖南，設策剿撫，不費絲粒。渠魁李荊楚等授首，民獲安堵。當事上其功於廷，晉為順慶同知。未幾，解組而去。迨其歸里，創立茶亭，濟行旅渴。且也修葺學宮，繕理家廟，尤其表表者。

吳一善，改名應祥，上郭人，明萬曆亞魁。稟性端嚴，沉心嗜學，衣冠必整，暗室不欺，清廉自守，惟以成就後學為懷。七試不第，母老家貧，始授雷州府徐聞縣教諭。赴署，手不釋卷，好修如常。事母必定省加勤，臨財而義利益辨。課弟子以文行，師嚴道尊焉。兼以闢門鑿渠，改學建署。徐之諸士誦聲至今猶在。惜天不假年，於丁丑會試，寓南雄府寺中，端在佛前無恙而逝。人咸謂其有考終命之福云。後陞柳州府象州知州。

林有譽，號匪溢，南隅下郭人。髫歲失怙，惟母在堂，脫簪佩償師貲。迨及舞象，母亦逝，哀慕不忘。矢志肄業，領郡鎎應。萬曆末貢，初授湖廣靖州司訓。適州激變，諸生競譟燬聖宮。時儀門已灰燼，獨輕生撲火。諸生見其激烈，尋罷。厥後諸生悔禍，繪象而尸祝焉。御史溫薦云『清怡粹品，博雅弘才』。任滿，晉肇府封川教諭。五閱月，以前任剡章到部，轉鄖陽衙經歷。公誼高，辭禄還鄉，與子弟講學賦詩，有《宦途》《倦飛》二集遺後。棲林二十餘載，非公不至，長吏鮮有識其面者。前令童公美其行，以『望隆通德』顏其門。郡黃公，諱朝英，靖州衛人，備知救焚前狀，嘉其隱德，曾造廬焉。

吳鼎和，邑上郭人，天啓辛酉孝廉。事親惟敬，晨夕不輟省問。同氣間教養兼至，畧無彼此嫌。且少年登第，忽喪箕巾，人有勸其續婚者，獨毅然，矢不再室。生平篤志嗜學，銳志瓊林，故竟不仕而卒。

貞節

明

吴氏，為麥靖妻，南三都吴英之女。成化十年適靖，生一子名曰成。甫七月靖卒，時吴方十九。甘貧守節，竭資課子成，補邑庠生。其孫維嘉，復補邑廩生。嘉靖六年，邑人推舉中詳，未蒙旌表。年八十餘而終。

陳氏，為南隅林憲邦妻。年十八適邦。邦故時，陳二十二歲。以子殤，撫侄學易承嗣，訓遊邑庠，娶妻李氏。至二十八歲，易又故。陳與李孀居煢寂，思憲絶血饗，復取學書季男仰高為嗣，年老而志益堅，通學公舉。學道蔡允置扁書『貞節之門』示旌。嘉靖、萬曆年間，先後蒙巡按御吏陳、蔡查給布帛，獎賞銀各二兩，仍扁書『節婦』二字。

李氏，南隅林彦幹妻，玉愛其室女也。隆慶二年，流賊劫掠林姓一家男婦三十餘口，擄執在船，索銀取贖。獨李氏母女不從其污，罵賊而斬。李殺死於家，玉愛殺死於市。事聞州郡，時太守吴公國倫批云：『李氏、玉愛，首倡大義，因罵賊而捐身。繼即全貞，隨同母而遇難。吴川一裔土耳，民俗頗不甚淳。彦幹一匹夫耳，儀刑豈必盡善。今李氏為夫，義不受辱。玉愛為母，義不偷生。禍起一時，鋼如百鍊。抗聲駡賊，心已烈於丈夫。駢首搆凶，性不移於天植。血濺海洋之岸，可使蠱賊膽寒。屍分家廟之前，無愧先人面見。一門雙節，五嶺希聞。相應遵照，亟為轉達表揚，以慰英魂，以挽頹俗。』時奉部院劉及布按二司給貞烈扁，以表其門。分守道桂批：『李氏、玉愛誓不從賊，駡不絶口被殺。其足可刖，其首可斷，其身不可辱，正氣完節，真可以風世教者。』

附刻吴公祭文：隆慶己巳十二月，高州府知府吴國倫遣宮〔一〕致祭於烈婦李氏、烈女林玉愛之靈。嗚呼！汝母子胡弗造於天而罹慜鋒若茲哉？汝母子胡獨全其天而得死所若茲哉？方其聞寇也，龍母震驚，海若怒號，虎士棄壘，戈船不掺，汝母子非有符召可待也，胡不畏而走耶？及其被執，比屋一炬，千夫血刃，乞息偷生，載塗累卵。汝母子非有羽翼可舉也，胡不順從耶？嗚呼！天可沉，陸可墜，非汝閾不履。血可漂，肉可飛，非汝祟不歸。胡駡賊之舌勁於天兵，而抗節之身屹如長城。嗚呼！為汝母子，蓋烈丈夫之所難也。豈其挾三山為砥柱，以挽巨壑而浴扶桑耶？胡誓之激烈而就之從容若是耶？嗚呼！抵為瓦之甓，汝憤難平。礱曹娥之碑，汝哀難鳴。爰敦我師，群醜告乎。爰表汝宅，唱茲好修。斷路弗蹟，爰秉若初。遊魂弗返，來方孔都。汝母子有靈，其少慰耶。今遣官陳詞，而以少牢之禮祀汝，其聽而饗之。

丘長姊，吴邑丘東漢之女。許聘凌三松，未嫁而三松死。長姊即往守制，矢不他適，曰：『生縱不得與凌郎同室，死寧不得同穴乎？』母兄勸諭，即自經，力救而免。茕茕孑立，履影吊心。年五十餘而卒。

陳氏，邑庠生林懋植妻也。海寇突至，氏與翁、姑俱被執。賊欲殺姑，氏求代死，曰：『釋姑先歸，

〔一〕『宮』，疑為『官』之誤。

則贖金至矣。』賊及縱其姑，而縛翁、婦及一蒼頭登舟。向夕贖至，氏度賊必釋翁而留己，乃剪髮付蒼頭，曰：『持此以示吾夫也。』遂沉於水，時年二十五矣。

麥氏，麥教授璣女也。年十七適廩生林慎，十九而寡，遺一子甫三月，而家無擔石之儲。翁姑勸其他適，氏斷髮毀顏，以死自誓，名其子曰『全節』，以見志云。後遭寇變，冒火以救夫棺，入河以援姑溺，而竟全身免難，若有神物護持，其誠孝篤至如此。崇禎初奉旨建坊旌表，壽九十二而終。

陳氏，邑庠生林穎秀妻，訓導陳廷誥孫女。年十七歸穎秀。秀亡，氏年甫二十，傭績以事翁姑。一日颶風大作，城舍俱墜，氏伏夫櫬號泣，竟片瓦不颺。一念之誠能回風伯，冰雪之操始終如一。教子天俊為太學生。崇禎四年詔坊表。

丘氏，下郭林永秀妻。年二十一而孀居，遺一孩甫周歲。慟哭幾絕，欲從地下人，姑以撫孤强之起。既而姑病，氏斷指髮以禱。海寇焚掠，里人盡竄。氏念夫未葬，死守不忍離。幸火未至而賊遁，不及於難，人以為節孝感。教子廼炤遊泮。崇禎六年詔豎貞節坊以表。

李氏，三栢人。常州府訓導李夢周女，庠生林樊建妻也。早年夫死無子，氏哀毀不食，自經者數次，婢覺救之而甦。因請繪其夫像，昕夕敬奉如神，哭不絕聲。孀守六十餘載，松心竹筠，莫可渝易。崇禎十二年，御史李公旌以花紅、菽帛、銀二兩，扁其門曰『貞苦流芳』。壽九十二而終。

國朝

譚四姊，芷苧人，增生譚璁女也。年十七，未字。順治五年，閻兵搶掠，四姊被擄不從，肆口詆罵，因剜其股而殺之。輿論惜焉。

舒氏，中郭人，吳萃奇妻，年二十三。順治五年，氏為閻兵所執，堅拒見殺。時論難焉。

錢氏，城内人，上郭吳亮朝妻也。順治十二年，西寇犯境，移害地方。時錢氏被執，寧身死不辱，竟殺之。鄉人惜焉。

李氏，林其菁妻也，年二十一。康熙十九年，海寇陷梅菉。氏被執，不從，竟殺之。悲夫！

寓賢

宋

吳保金，閩古莆人。宋太平興國間進士，歷官光禄大夫。晚謫高州參軍，遂占籍吳川，為吳族鼻祖。

陳宜中，端宗景炎二年為丞相。因宋室不支，如占城，道經吳川，寓極浦亭。題有詩。見後。

陸秀夫，端宗景炎三年為左丞相兼樞密使。張世傑，景炎三年為樞密副使加少傅，與丞相陸秀夫奉帝居硇洲。端宗崩，奉帝昺即位，侍皇太后楊氏聽政。適有黄龍見海中，改元祥興，升硇洲為翔龍縣。

時播越海濱，庶事踈畧，秀夫與世傑獨儼然正笏立如治朝，急遽流離中猶日書《大學章句》以勸講。

林永古，閩莆九牧端州刺史葦裔監簿上林矩孫。宋明經，任瓊府儋州學正。宦回，道經吳川，遂卜居於附城下郭，為林族鼻祖。有《真儒陳白沙贊》，見後。

明

解縉，吉州人。洪武中為翰林學士，奉命封交趾。道經吳川，題有詩，見後。

樊玉衡，黃岡人，由進士任監察御史。萬曆二十六年，上書請皇長子册立冠婚，直指宮闈幽隱，忠悃義聲振轢宇內。謫戍雷陽，買地蓋屋，以市木至吳川。有《遊雙峯塔記》及《八景》，見後。

朱慈燭，明之宗益藩也。國變，如安南，往返道經吳川。有題詠，見後。

毛毓祥，武進人，由進士崇禎間任知縣，分校粵闈，後陞禮部侍郎。燕都國難，隱於吳川之陽。著有《陳氏宗祠碑文》。

附孝子德行

明

吳世紹，上郭人，孝廉廷彥父也。父没奉母，惟謹竭力甘脆，冀其心歡。無何母雙眸蔽明，紹哀號而籲者窮百道，一言一涕，以舌舐目，周旋不離側。每膳必親，稍減輒憂形於色。一日，樵於江之南，聞母有暴疾，弗遑待舟，匍匐憑筏以涉，忽為陽候滅頂。謂吳邑之能孝者，非耶？

李擅懿，貢生，三栢人也。秉性孝謹，持己莊方。時值兵燹，寧死不辱，竟為强兵所害。邑人惜之。

國朝

吳士衮，邑貢生，上郭人。賦性孝友，制行篤實。年長當婚，忽遭喪變，朝夕哀毁。俗有勸之婚者，衮析以大義，堅拒弗從。猶念同氣而教養俱深，勵族黨惟廉恥是尚。至於捐助媚窆，瘞骨賑飢，又其表著者。順治十四年奉上旌奨尚義。且好學能文，數奇不遇，恚憤成疾而卒。士論惜之。

吳奮第，邑正貢生。謹厚持己，和易與人。遷界而産業悉廢，甘貧如飴。當貢而歲薦適停，宮牆久厄，困頓成疾，未艾年而終。輿論惜焉。

林玉瑩，正貢生。賦性孝友。父腹結糞，道輒手取。及父没，事母加謹。母老終，瑩痛泣至絶。處異兄無間，撫孤姪猶兒。且博達經史，賑恤貧寒，鄰里重之。

吳士標，正貢生。少失怙，恃祖父母是依。及長，好學能文，非公不至。最著者，葬父母罄家囊不吝。臨貢而卒，輿論惜之。

林天秀，邑廪生。孝友克敦，文行丕著，多士樂其教育，鄰里仰其謙光。士論珍之。

李作楫，邑廪生，三栢人。貢生孫虬子也。温雅堪嘉，文行並懋，屢拔前茅。歷戰棘闈者五，將貢而卒。多士惜之。

林中桂，邑廩生。廉潔持己，忠厚待人。事父母惟謹，處兄弟無間。邑人重之。

附隱德鄉賓

明

吳龍，邑庠生。髦齠嗜學，清介自持，非公事不至宰庭，市井罕識其面者。萬曆間，以禮賓於學宮，授以冠帶。

林引鳳，下郭人。正直不阿，壯老一節，姓名不掛訟牘。萬曆間，推為介賓，榮之冠帶。

吳日新，邑庠生。雅志清摻，行而無恧，於鄉評固亦邑之好修士云。萬曆三十年，賓於學宮。

張才賦，邑庠生。生平樸茂，禔躬不越繩矩。族善逋賦，能率先輸將。其執公類如此。萬曆間，賓於學宮。

麥嘉光，壯遊黌序，晚隱蓬蓽。處家克勤克儉，與衆能讓能仁。

吳人傑，庠生。性質恂恂，始終以清白自守。

林邦達，邑庠生。稟性樸茂，不蓄機巧。邑之好行德者必歸焉。

林時浡，邑庠生。孝篤雙親，哀恤二嫂，猶子賴其扶植，善類利其甄陶。

林朝弼，邑庠生。居家庭而克敦孝友，處里閈而周及貧寒，蓋今人而古道者也。

林懷，仗義好施，性負剛直，頗類古俠客。

林愷，性剴亮忡怡，於世無忤，且常周人之急。

吴紹洛，郡庠生，孝廉鼎和父也。正以持己，嚴以範俗。庭訓五子，皆能成立。父卒於官，奔喪庭入，哀毁致疾，葬祭盡禮。崇禎間，授以儒官，邑延正賓。壽六十六，陳子壯撰有榮壽序。

吴明宰，邑庠生，上郭人。出言有章，敦行無愧。勉力報其嗣祖，盡敬盡儀。和衷友於同胞，必誠必信。與人樂易，教子義方。

林永喬，邑下郭人。事父母以孝，處兄弟以和。且輕財仗義，設粥糜饑，常至白沙、公子二渡以濟人。族戚有不能婚葬者，每捐贈而不責其償。誠隱德之碩人也。以高年舉鄉賓，邑人雅重焉。

林蘚，邑增生，下郭人。苦志窮經，數奇不售。以德禮持躬，以義方訓子，多士樂從之。里人咸稱其厚行焉。年五十二而卒，輿論惜之。

吴貴，邑增生，上郭人。行己謹慤，設教莊方。科試高等應補餼，忽值親喪，恒人處此多有冒昧求名者，貴獨毅然發喪，竟不詳補。棄功名如敝屣，可謂誠於孝矣。

吴夢顔，邑庠生，上郭人。立心願謹，制行詳實。凡屬公事身歷，務期底績。雙峯塔之督修，功尤居多。前令周公恆獎賞，不置焉。

歐陽鳴宗，邑廪生，城内人。甘貧守道，裹足公門。庭訓義方，師範端嚴。邑人多敬重焉。

林全初，郡庠生，下郭人。持己儉勤，與人耿介。訓子課孫，義方是循。異母昆弟，間言弗起。甥孫幼齡失怙，常推餘波助師資，以期成立。固士之潔修自好者。順治十七年，邑延正賓。

林廼炤，邑庠生，下郭人。周歲失怙，惟母丘氏撫植。及且笄笄苦志，勵節敦行，且容儀莊肅，侁侁輩見之避道。崇禎六年，奉詔旌表其母，人謂盛德報云。

吳之瑋，邑增生，上郭人。義以正己，禮以範俗。且酷嗜詩書，歷少壯不怠，可謂士之有物有恒者。

吳道中，邑庠生，上郭人。坦直自矢，仗義能言。吳邑重大之事多與有功。崇禎間，以禮賓於學宮。邑人雅重焉。

吳鼎臣，邑增生，上郭人。立心醇謹，制行端方，可謂古道自好者。且訓子師資不吝，範俗公道為先。壽七十八而卒，邑人仰其齒德焉。

陳位忠，邑庠生，泗岸人。勁節自守，族党賴其維持。前令楊公顏其門曰『不愧太丘』。以禮賓於學宮，邑人雅重焉。

林孔昇，邑廩生，下郭人。素性謙謹，不以賢智上人日談文課義。族黨賴其陶成者衆。將貢而卒，輿論惜之。

李孫賢，邑廩生，三栢人。事親孝敬，持己儉勤。生平不設機巧，可謂士之自潔者。

林瑤植，邑增生，下郭人。事親克孝。母卒，絶食三日，哀痛成疾。適夜雨狂風，植急衛母柩，觸雨病增，不數日而卒。輿論惜之。

梁登甲，邑庠生，中街人也。幼年失怙，恪遵母訓，義方教子，每課自供卷膳，親理茶湯。邑之後學同館者，一體相視。子挺秀、挺芳同泮同餼。甲午歲同拔其著者。城南演戲，有金簪墜地，甲拾而不去，立候還之，邑人重焉。

易經世，邑廩生，上杭村人也。少年喪親，教養幼弟。曾於康熙十三年為地方條陳積弊，值亂未結，而義氣猶存。邑人惜之。

吴初錫，郡廩生，上郭人。事親能孝，待弟能友，敬以持己，恭以與人。而且篤志嗜學，足跡不履公門。將貢而卒，輿人惜焉。

麥方惠，陪貢生，院村人。少失怙，事母盡敬，寢食問視。靡懈禔躬，惟禮義訓族。兼文行卓然，有先正遺風。且能讀父書，抱决科志，而數奇弗遇。臨貢而虧，士論惜之。

陳廷冠，陪貢生，那蒙人。敦直而朴，一生不踏公門。安貧篤學，屢拔前茅。而設教無私，修金不刻。凡士出其門，皆能成名焉。

武備志

軍政

寧川守禦千戶所署在城內縣前左，坐北向南，對永和門。正廳一座五間，前為儀門，又前為大門三間，後偏為旗纛廟，周圍繚以墻垣。明洪武二十七年，該廣東都指揮使花茂奏欽差永定侯踏勘，議立防禦倭寇，千戶徐本督工創建，永樂元年千戶李忠修，成化三年守備指揮俞鑑再修，十九年千戶王端又修，久圮。所之東為吏目衙，今亦廢。

明原額設守禦官軍正千戶一員，續陞一員，副千戶三員，百戶十員，吏目一員，總旗十五名，小旗三十七名，屯守旗軍一千一百九十名。陸續事故逃亡，至崇禎年間僅存三之一。今國朝定鼎，盡革為民。順治十三年，奉旨勘報屯田，得屯丁二百一十名，設一千總以領之。屯糧載『田賦』項下，逓年解充兵餉。原設四門軍器、銃砲、備倭戰船戰具，今俱廢，不録。

明

守備指揮

俞鑑。神電衛人。

馮欽。雷州衛人。

張濬。雷州衛人。

范忠。神電衛人。

黑恒。神電衛人。

李宗玉。神電衛人。

孫誠。雷州衛人。

蔡金。雷州衛人。

栢泰。雷州衛人。

魏漢。神電衛人。

馮佐。雷州衛人，嘉靖十四年掌印。以後裁革。

正千户

胡山。直隸深州人。永樂間由常山中護衛正千戶調本所。

胡濬。山男。

胡卿。濬男。

胡相。卿男。

胡達。相男。

胡通。達男。無嗣。

胡學金。通弟。後無襲。

李桂。本所副千戶。嘉靖十四年陞正千戶。

李橙。桂弟。無嗣。後無襲。

副千户　成化以前無考。

王端。河南人。成化十年由神電衛左所調本所。

王資。端男。

王如湛。資男。

王如澄。湛弟。初以湛男幼未承襲，借職，禦寇有功，還襲。後島彝犯海直，應徵從軍，征勦屢獲奇功，授神電衛指揮。復連遇劇賊，討，所至克捷。歷陞惠潮參將。

王龍。湛男。初幼及長，叔如澄還襲，從征羅旁有功，陞神衛指揮。

黄紀。福建連江人。成化十二年，由神電衛前所百戶陞本所副千戶。

黄萬栢。紀孫。

黄世臣。栢男。襲。

錢鏞。直隸江都人。弘治九年，由神電衛前所百戶陞副千戶，調本所。

錢鑑。鏞男。無嗣。

錢鈺。鏞次男。

錢繼志。鈺男。

錢海。志男。素善騎射，胸有勝算，而膂力尤赳赳過人。常生縛海寇數人以歸。萬曆四年，征羅旁功，陞神電指揮。奉撫按奬薦二十一次，歷陞至福建掌印行都司。雙峯之建，與有功焉。

李杏。直隸陸安人。正德十九年，由本所百戶陞副千戶。故，弟桂襲陞正千戶。

百户

蕭志。湖廣江陵人。洪武十三年，由陳州衛後所百戶調本所。

蕭禎。志男。無嗣。後無襲。

李福。山東高密人。洪武二十七年，由天策衛中所百戶調本所。

李壽。福男。

李順。壽男。

李承。順男。

李廷芳。承男。

李子實。芳男。

李希岳。實男。

李亦靖。岳男。

李逢元。靖男。無嗣。

李啓元。逢元弟。國朝裁革，退處林泉，不跡公門。

王義。山東章丘人。洪武二十七年，山鷹揚衛左所試百戶調本所，實授百戶。

王傑。義男。

王盛。傑男。

王欽。盛男。

王元。欽男。

王燧。元男。

王世英。燧男。無嗣。後無襲。

舒傑。直隸合肥人。永樂二十三年，由路州衛磁石州百戶調本所。

舒廣。傑男。
舒成。廣弟。
舒錦。成男。
舒松。錦侄。
舒栢。松弟。
舒希董。栢男。無嗣。
舒希曾。董弟。無嗣。後無襲。
宣友良。直隸合肥人。宣德二年，由太河衛前所試百戶調本所實授。
宣齡。良男。
宣振。齡堂兄。
宣仲武。振男。
宣大勲。武男。
宣世重。勲男。無嗣。
宣儒。重族孫。
宣效曾。儒男。
宣時奎。曾男。

宣天熊。奎男。橫行不法，縱軍害民，為故明守道黄兆穰棄市。時人以為積悪之報，宜然也。

黄金。世臣男，襲百戸。無嗣。後無襲。

趙福。直隸丹陽人。正統二年，由宣州衛中所百戸調本所。

趙璽。福男。

趙寧。璽男。

趙泓。寧男。無嗣。後無襲。

李英。河南商城人。正統八年，由廣東南海衛調本所。

李興。英男。無嗣。後無襲。

錢鑑。江西省靖安人。正統九年，由南京武德衛右所百戸調百戸〔一〕。

錢鐘。鑑男。

錢鎮。鐘弟。

錢禄。鎮男。

錢萬斛。禄堂孫。

錢應陽。斛男。攝理限門寨。後無襲。

〔一〕『百戸』疑為『本所』之誤

馬完。無襲。

黄茂。江西高安人。正統元年，由興武衛中所百戶調本所。

黄璆。茂男。無嗣。後無襲。

甯清。直隸合肥人。景泰四年，由南海衛中所百戶調本所。

甯傑。清男。

甯陞。傑男。

甯英。陞男。

甯大濟。英男。

甯大經。濟弟。中式武舉四科。

甯起吳。魁男〔二〕。

甯暹。吳男。國朝裁革。

吏目

顔挺。福建人。

林一山。福建人。

〔二〕 據《康熙八年吳川縣志》『魁』當為『經』之誤。

鄒相。湖廣襄陽人。

周易。江西人。

郭振。福建人。

唐復元。廣西人。

盛本澄。浙江人。

黃世明。福建人。

吳綸。浙江人。

孫應儒。浙江人。

徐文淳。浙江人。

方世臣。南直隸人。

吳應元。蕪湖人。

毛大垠。浙江鄞縣人。

國朝

守禦所千總

蔡大勝。江西吉安人。

鞠應宿。盛京人。陞浙江紹興衛。

陳國政。北直人。康熙十一年任。

鄭貞。北直人。康熙十八年任。

趙炳。山东臨清人。康熙二十二年任。清戎裕餉，軍民两便。

營寨

明

吴川營，在吴川縣南二里。萬曆二十九年，倭寇犯城，調集官兵征勦，平後建營防守。原設把總一員、哨官五名、旗隊兵五百三十四名。陸續奉文裁革旗總隊兵一百零一名，扣餉助虎門、南韶、崖黎兵食，外存四百三十三名。

限門寨，在吴川縣南五里，海航必由之區，本郡必據之險也。東連肇慶，西抵雷陽，上下凡五百里而遥，向撥蓮頭寨官兵二百五十一名看守。萬曆二十九年，緣倭警而設寨，置分總一員、哨官二名、隊兵二百五十名，並原撥官兵共五百零一名。左哨戰船九隻，右哨戰船八隻。陸續奉文裁汰隊兵六十一名，扣餉解助虎門、南韶、崖黎兵食，尚實存官兵四百四十名。原設兆津、石司，併力蓮頭、限門二寨，距赤水而中分之，俾各守其汛地，司兵者春冬二汛時共簡閱防守，視昔有加焉。

按，邑自明萬曆二十九年設營寨以後，天啓五年，海寇犯港十餘日而去。崇禎二年，海寇李魁奇連年入，寇巨船一百七十餘艘，俱為官兵殺敗。七年，劉香老入限，又被追剿遠遁，而城池賴以無恙。雖主兵者之剿禦有方，未始非置營立寨之功也。

國朝

順治四年，設守備一員領英川營，設遊擊一員領限門寨，撤去把總、分總，而哨隊如故。九年，設化吴石參將一員駐城内，中軍守備一員駐芷芓，而限門寨、吴川營咸賴焉。十五年，添設高州水師參將一員，水師中軍守備一員，千總二員，把總四員，撥廣州兵船二十五隻、兵五百六十名，凑原限門寨水兵四百四十名，共一千名，設衙門於芷芓陳屋廟右。惟吴川營兵轄於化吴石，以備遣調。

康熙三年，奉旨立界。芷芓既遷，遂撤去高州水師營，又改化吴石營為吴川營，别設遊擊一員，中軍守備一員，千總二員，把總四員。將水師營之船隻與水兵五百名移守雷州海安，即撥海安陸兵五百名移鎮吴川，并簡閲吴川限門寨之兵五百名以屬之，共一千員名。續奉抽撥防守順德、增城、博羅、廣州新城兵二十三名。

康熙八年正月十六日，奉部文除汰，不准頂補，步戰兵一十一名，守兵八十四名。

康熙十二年六月初一日，奉部文抽撥化石營守兵四十四名添入本營額數，共官兵九百二十六員名。歲需俸餉一萬二千六百九十六兩七錢三分三厘五毫六絲，糧米三千三百零四石八斗，各官自備騎坐馬二十二匹。

康熙十四年，奉文裁汰遊擊員下坐馬二匹，實額馬二十匹。歲需料米一百八十石，草七千二百束。

康熙十九年，奉文通行高屬文武各官，捐修復吴川營哨槳船十隻、内十櫓哨船二隻、八櫓哨船二隻、六櫓哨船二隻、四櫓槳船四隻，俱係兵丁摻駕灣泊芷艼要口，分防限門東西二砲臺及麻斜、博立、茂暉港汛。

康熙二十年，奉文抽撥戰兵二十四名、守兵七名入提標援勦營。至二十三年通省會議新定營制，尚存實額官兵八百零八員名，遊擊一員，中軍守備一員，千總二員，把總四員，步戰兵二百四十名，守兵五百六十名。每歲共需俸餉銀一萬一千六百三十四兩七錢三分三厘九毫九絲二忽，糧米二千八百八十石。原自備騎坐馬二十二匹，自康熙十四年奉文裁汰遊擊員下額馬二匹，尚實額馬二十匹。每歲共需料米一百八十石，草七千二百束，遇閏加增。

明

吴川營把總、限門寨分總俱無考。

國朝

吴川營守備

王忠。順治四年二月任，六月土寇作難，營兵賣陣被殺。

限門寨遊擊

汪齊龍。順治四年二月任，九月為雷州叛鎮黄海如所殺。

化吳石參將

應太極。順治十年，西寇犯化州，死於戰。

牛冲雲。陝西人。陞山西副總。

蘇昇。陝西人。治兵安民，一方保障，陞雷州副總。邑人立生祠於城北以尸祝之。

化吳石中軍守備

王沾祺。湖廣人。

宋奎彪。

水師營參將

張華基。湖廣人。陞湖廣副總。

蔡應科。江南揚州人。戰死於雷州海口。

劉世亨。四川潼川人。謀勇兼裕，地方安之。調廉州，後遷廣西永寧州參將。

水師營中軍守備

左良輔。南海人。

刁起。山東人。調吳川營中軍守備。

水師營千總

何貴。

梁捷。

水師營把總

杜熊。

梁祚。

吴奇泰。

蔡應球。

吴川營遊擊

紀登雲。陝西人。由陽江參將調本營管遊擊事。果敢直率，在任七年，原品休致。

屈大法。遼東海州衛人。康熙九年任。胆力精鍊，誠哉邊海干城。

王德壽。遼東遼陽人，正黄旗。原本營中軍守備題補，康熙十三年任。十七年，海寇突境，城池無恙。

李儀鳳。直隸河間府景州人。奉上諭功加一等，紀録二次，推陞管遊擊事。康熙二十年任。殊猷克壯，屹屹干城，抚恤群黎，礼遇多士。

吴川營中軍守備

謝勷。江寧人。由武舉。

王德壽。康熙十一年任。甫莅邊疆，胆力克壯。

王先。福建汀州府上杭人。原本營千總題補，康熙十四年任。

朱啓瑞。直隸順天府密雲人。由河南千總推授管中軍守備事。康熙二十一年任。

彭國棟。遼東廣寧衛人。由太湖營千總補處協營守備。報捷，奉旨獎賞，推陞本營中軍守備。康熙二十三年任。剛勇果決，軍律嚴整。

宋德隆。

周從選。

吳川營千總

袁其忠。湖廣德安府安樂人。原本營把總拔補，康熙九年任。卒於戰。

王先。原本營把總拔補，康熙十年任。

李雄。吳川人。原本營把總拔補，康熙十七年任。

張完。江南鳳陽府定遠人。原本營把總拔補，康熙十三年任。

楊忠孝。江西贛州人。奉部紀録前功，議授都督僉事，於康熙二十四年情願頂補今職。

吳川營把總

譚陞。吳川人。

陳明德。提問。卒於省城。

蕭陞。南海人。

劉玉。高要人。

李雄。

殷懷禮。惠府人。

鄭典。吳川人。

謝昌。翁源人。

趙昌隆。番禺人。

張完。

王文秀。陽江人。

鄭弘才。翁源人。

陳有勝。陽江人。

陳華。吳川人。剿賊有功。

墩臺

明

洪武間，奉南京都院移文，建各墩臺及鋪舍，巡還〔二〕夫五名。烽侯一十五處。

〔二〕疑為『邏』之誤。

羅山。北二都。
尖嶺。北九都。
沙飛。
温村。北十一都。
南寨。北十一都。
茂暉。
吳村。
博立。
新場。俱南二都。
隨黎。
調高。南一都。
北涯。
扶村。
北聚。
麻簡。俱南三都。

國朝

康熙元年，奉旨遷移濱海居民俱歸內地。欽差大人科解巡察形勢，自里濕領至麻斜一路立界，墩臺二十二處。

里濕嶺臺。
郊邊坡墩。
東海兒大塘。村臺。今復。
瓜精坡墩。
心七垌心嶺臺。
上埠海塘嶺墩。
姚村蓮塘嶺臺。
九岐嶺墩。今復。
限门东炮臺。今復。
限门西炮臺。今復。
龍贯嶺墩。
蛋步村邊臺。

滘坎墩。

茂暉臺。今復。

乾塘墩。

吳村臺。

博立墩。今復。

新埸村公堂背臺。

麻簡鹽田墩。

北花村面前坡臺。

麻斜西邊山墩。

麻斜大炮臺。今復。

康熙三年，奉旨再遷。欽差大人伊石〔二〕巡勘，自里濕嶺至石門一路立界，墩臺一十七處。

里濕嶺臺。

郊邊坡墩。

東海兒臺。

〔二〕原文缺，據《康熙八年海康縣志》補。

瓜精坡墩。
白沙炮臺。
雷廟墩。
大岸炮臺。
馬村臺。
坡脊嶺墩。
寨嶺臺。
尖山墩。
上垌臺。
透滘墩。
那黃臺。
水〔二〕樟墩。
南埇臺。
石門大炮臺。

〔二〕據《康熙八年吳川縣志》，當為『木』。

道路要隘營房四處。

大坡營。道通梅菉，接茂名界。

長坡營。道通梅菉，往塘掇。

塘掇營。道通石城、遂溪。

黃姜營。道通化州。

鄉堡。每堡立堡長一人，堡甲一人，管各堡夫。地方有事，會於各堡。明原十三處，今存九處。

城東堡。

城西堡。

白沙堡。

羅山堡。

舖脚堡。北四都。

樟木堡。北四都。

頓當堡。北十一都。

塘掇堡。北九都。

麗山堡。北七都。

文字堡。南四都。今遷。

南村堡。南四都。今遷。

馬鞍岡堡。南四都。今遷。

塘車堡。南四都。今遷。

康熙八年，奉旨展界，內差特雷杭笂、大人魯瑣、蔡勘，仝藩督、撫提勘復，再遷舊界，設官兵炮臺防禦，居民復歸耕種。

自茂名交界設立墩臺，起至麻斜、遂溪交界，止沿邊墩臺數目。

東海嶺墩臺一座。

岐嶺墩臺一座。

限門東炮臺一座。

限門西炮臺一座。

茂暉墩臺一座。

博立墩臺一座。

麻斜炮臺一座。

廢興

順治三年冬，大兵入粵。明年丁亥春，三鎮取高州，順之。遣遊擊汪齊龍、守備王忠領山水營寨。四月，海防同知戴文衡移鎮吳川。六月八日，有龍泉楊千秋、鄭哨、牙六等倡率為亂，號為義兵，掠地攻城。時汪遊擊與縣不協，上郡申理。王守備率營兵敗之，斬鄭哨、牙六。次日，亂黨復聚，營兵賣陣，守備獨力不支，死之。初十日，城陷，死者無計，而叛黨紛擾，搶庫奪獄，聞郡兵至，各鳥獸散。十五日，郡兵下縣，營寨迎降。邑無辜受戮者積屍載道。會高信報急，撤兵還郡。汪遊擊招撫吳川。秋七月，西寇施尚義、葉標、古鼐等復犯化州，前此叛黨復起，村社間咸樹白幟。吳川遂分東西水焉，兩地對壘，民不聊生。八月，雷鎮黃海如尋反，舉兵至邑，計擒汪遊擊，殺之。

戊子春，黃海如復舉兵如雷。有故明守道黃兆穰招集山水營寨晝守吳川。叛亂之衆畏營兵如虎，不敢侵掠。然營寨之强悍，兆穰亦不能盡彈壓也。

夏五月，閩省有賊船數百入寇。秋九月，粵提督李成棟叛，遣將閆可義『下高、雷、廉、瓊靖亂，兆穰迎戰而敗，營寨之就屠戮者大半，兆穰被執去，吳民被殺、子女被擄蓋十之有四焉』〔一〕。

〔一〕原文缺，據《康熙八年吳川縣志》補入。

吴川縣志卷之四

藝文志

譔記

吳川縣城記　陳獻章 新會人。明翰林檢討，從祀孔廟。

書城濮城郢之旨得之《春秋》，然後知長府之役可罷於魯人，而譏鄭子産惠而不知為政，非孟氏之過也。昔寇盜衝斥於高凉，百姓凛凛，委性命於豺虎之林。我臬司陶公名魯被命來專是方經畧，大著討賊之聲，高凉之民倚公以為命。寇既平，公於是城吳川縣。城厚一丈，高二丈，周五百八十丈。亦勞矣，自師旅興而民滋斃。是役也，公實圖之，豈得已哉？經始於成化戊戌之秋，越明年冬，城始克成。民喜曰：『衛我者生我，勞我者惜我，公大惠，我何可忘！』父老相與言於官，遣生員李凌雲以狀走白沙，謁文記之。適予與二三友登碧玉樓，望崖山慈元廟，與大忠祠照映上下。顧謂凌雲曰：『是公與僉都御史東山劉先生偉績也。無費於民，民爭趨之，大有功於名教，是之謂達為政之首務，皆可書。凡公之功在民，不違《春秋義例》，可書者，時焉爾矣。施於無事之日，如是而弗已焉，其效不亦遠乎？』老子曰：『治大國如烹小鮮。』

吴川縣重修儒學記　黄斌 福建漳浦人。明本府司理。

吴之有學舊矣。迨我朝肇造區夏，崇重儒學，治教休明，譽髦輩出，視昔蓋有加焉。第邑殊濱海，氣候不時，颶風歲作，以故堂宇傾頽，齋舍將為榛莽。先是正統丁巳，安城彭公名魯以翰林編修督學按部，視正殿齋舍圮甚，命縣經營，大修規模，比舊益竑。歲久又頽，飄於風雨，將不可仍也。正德癸酉，郡守陳公嘉表目擊而嘆曰：『學校者，教訓之地，禮義所自出。陵敗若是，何由貞教而淑人耶？』慨然捐資，令有司撤舊而增修之。維時宰邑更代者不常，雖或志於經畫，而緒竟未就。越明年甲戌冬，適莆田方君宜賢奉命來牧，下車之初，謂是役終不可緩，毅然以興復為任。乃命工傭役，取水於山，甓甓於陶，掄材於肆，而宲楝櫨桶楹礎之類悉具。首建明倫堂一座，隅列東西二齋，以至兩廡，師舍一新。視政之暇，躬敦其事，營葺修砌，丹雘黝堊，皆出自區畫。門庭堂宇各樹之額，皆出其手書，締搆而弘，不五逾月而工告成。居無何，君以美調就道，雖不獲親睹其成效，然而文風丕振，士氣爭自濯磨，行將陟華躋要，取青紫如拾芥者，皆君之所陶甓也，其功詎小補哉？今雖移賢他邑，遺愛在人，善不容没，是宜壽厥。績於石，用垂永久。君方姓，名宜賢，字恒達，大方伯某公猶子韶州公冢孫也。

翔龍小學記　歐陽烈　江西泰和人。明本府知府。

學在郡南四都硇洲馬鞍岡下。宋景炎，幼主駐硇洲，海中黃龍見，改元祥興，丞相陸秀夫因建翔龍書院。至是知府歐陽烈閔其民遠居海島，顓蒙不事詩書，又為城市豪民、異境黠商欺騙無極，搜選子弟可教者六七人，請於督學蔡公，與之衣巾，而作新之，修復書院，擇師教育。父老咸欣喜趨事，訪求舊址不獲，遂圖畫洲之形勢進呈，請裁度表位。余乃按圖營基，據馬鞍之勝，挹牛山之秀，帖寧川所千戶王如澄董其上。後為堂三間奉先師，扁曰『敷文堂』。堂左右各一間，為教讀藏修之所。東西翼以書舍各五間，以便各生肄業，東以『仁』『義』『禮』『智』『信』，西以『視』『聽』『言』『貌』『思』編號。前為牌門，扁曰『翔龍小學』，繚以墻垣。堂之後盤石嵳峩，建閣其上，曰『皇極閣』，循脊分左右，龍虎圈內。小學四圍空地，俱取租備修理。是役也，費不斂而民自趨，力不勞而工自成，真時事之奇逢、海外一大觀也。

雙峯塔記

粵之高屬吳川周邑侯者，以高第初膺簡命，令鎮丹陽，宏抱偉畧，不逾年而政成誠和。當事奇其才，於是有調繁蘇吳之舉，迨及報績之期，遂以治行第一晉擢勳部。未幾，為宵小唧，復出宰吳川。蓋吳川僻處海澨，不當丹與吳之什一。廼侯不鄙其民人，甫下車，即講禮讓，課農桑，躬為帥先，匝歲而綱舉目張，百廢俱興，猶於造士作人，首惓惓焉。

維時，兆魁正奉璽書按部閩中，閩之士大夫且交口艷稱吳川侯波及於商舶者，稅視昔殺至什七，益徵侯之皭然不滓，不減姑蘇時。而所傳羨鏹之絕、淫洪之杜，衙門城社與虎豺之嘯伏於草澤者盡殲不誣。三年間，闓澤凝為膏露，教思溢為甘雨，鯨海不波，犬夜無吠，穀登民熙，老穉賡舒長之，日而思創鉅鎮於浮屠也。翕然而有請矣。侯方謂用民而盡其力者，府怨。又虞經始令終之難而未敢。遽然，應進諸士耆誥之，則羣懽呼於庭曰：『向也，士懵於師之無良，民悴於政之如焚。今比及三年，化行俗易，時和歲豐，得所沾溉於杜滛絕羨之，惠者無算，敢不唯唯？』於是士各願捐其優免，紳弁與齊民之有力者相率而樂輸其羸益，以各長貳所捐俸薪，共得八百五十餘金。括而計之，可無煩公帑。侯乃上度之天祥，下度之地宜，中度之人順，命日興工，甫三月而七級竣。特思兩山若揖其前，殆天造而地設然，此雙峯塔之名所由取也。

塔前為書院，有樓有堂，左右有僧房，書舍環堵，植以榕筠，而苞桑之，固已具其所為翼。是塔者，計在千百年外，然皆侯之經營規畫，而其精誠且徹上穹，而綰羣情，故能飄風震林之驚，而有來工不日之成。侯之所為，令聞長世也，不與浮屠并永埒，崇焜燿粵東哉。而適以記問兆魁，方值哀疚中，弗宜以卹恤姓名厠於高賢大良之間，揆在年誼，其何以辭。蓋嘗鏡其印證於《竺氏書》矣，曰：『如大樹緊那羅王絃歌，一動聲震大千，須彌山王為之涌没。』竊侯建塔初心，無亦覬鄒魯之絃歌見於海濱，而令一切衆生各完真葆元毋墮其寶，覺全身獲菩提果乎！且聞首事之時，神龍見海。工成之日，瑞藻獻珍，四方之環而觀者已若聲震大千。他日山玉效靈蒼，蓋轉盛雲濃露之輪，豹變龍興之士題名雁塔。且彬彬後先與中州競烈比隆絃歌，夫寧有窮期耶？昔楚臣伍舉誦其先君莊王為匏居之臺，以望國氛。然木不妨守備，用不煩官府，民不廢時務，遐邇各無相覽，不佞謂是役有焉。又况計在為國樹人樹才，匪直炫一時觀美，而彼以數年成之不足者，侯以三月樹之有餘，且也收八荒為我闥，截萬頃之波瀾，蹲虎豹而走蛟龍，巋然舉吴川載造而金湯之。暇日，侯攝衣而登，諸士曳履而從，相與挹斗牛之墟，破禹門之浪，海天一色，身世兩忘，諸士寧不謂千百祀之前，而若侯俟。千百禩之下，而若侯為之符。此豈與豪舉跡賞者同日道哉！語曰：『建無窮之基，亦有無窮之聞。』以是卜侯逆知祚雲擁而食報，益亡量已。

侯名應鰲，周姓，字如春，别號章南，江右吉州之泰和人。中丙戌進士，與兆魁為同年昆弟云。

水月樓記　樊玉衡

湖廣黄岡人。萬曆癸未進士。前監察御史。

吴川源自西粤，至信宜而派，經郡城，歷石龍，直放乎縣之十里限門入海，則風氣宜洩，人文用湮，堪輿家以為是於塔宜。泰和周侯由治邑高第，晉勳部，已復出，宰吴川。凡三年，政通人和，則以闔邑士民之請，請於當道為建浮圖七級，曰『雙峯塔』。塔之前為江陽書院，顔其堂曰『會源』。左右僧房曰『棲真』、曰『雲間洞天』。又前左右為横舍者十，而撮其勝於巘嶂之樓曰『水月』。自去年九月經始，至今年正月落成，人咸嘉侯之神於創。而侯則以塔記屬其同年徐侍御海石，院記作於楊太守景渚，堂記作於謝司理侍東，皆一時名人鉅筆，而間走一介雷陽，以兹樓問記於不佞玉衡。玉衡，流人也，姓名足掩人耳，其何敢以辱茲樓，又何敢以不文辱於二三賢豪之側？雖然，侯與吳之人則既命之矣。

按西方書，一月普現一切水，一切水月一切攝。天地之間，月妃日，水妃火，若作之合然，然日與火遇，非惟不相攝而適相競。惟夫弦之朝，望之夕，冰魄銀濤，輝映漻泬，巨為河海，細為沼池，月一而水莫不受之，水非一而月莫不入之，交相為攝，而莫不知其所以為然。故太極統體人心，人心各具太極。說者直擬之，月落萬川，蓋天下之善言道體者，莫水與月若也。今茲樓前倚長江，奔潰澎湃之勢來自千里。後枕山海，滉瀁浩瀚、粘天浴日而不可極視。時其萬宇一徹，明月徐來，侯與賓從師弟子仰而登，頫而眺，於以返觀義理之昭融，盡撤外物之障蔽，天高地迥，心曠神怡，寧知水為月耶？月為水耶？水月為樓，樓為水月耶？樓即我，我即水月耶？然則天下之為水月者，孰與茲樓，又孰與侯多耶？

抑聞吳雖巖邑，而咫尺海壖，寇賊奸宄，往往蜍蝕鯨訌其間，士不乏穎秀，然科第闃如，風氣無論於洩，而疑若未盡開。自侯下車，一不鄙彝其民之所為，櫃頭船總與夫港門之匿舶，硇洲之豪商，種種不可縷數。侯一切爬梳蕩滌，更始改觀。而於多士，則為之戒期會課，捐贖濬弛，躬自校閱指授。聯七校後髦與其淑嗣咸集皋比，至刻正疑引繩諸編以準的之。凡內外書院各一，而茲塔則助及百緡成，不三月，標勝一方，孕靈全郡，尤其章章較著者也。侯之心，蓋自具一水月觀而已。故民躡之則為乂安，士躡之則為興起，商旅寇盜躡之則為澄清底定。異日，是樓巋然，與黃鶴、岳陽爭雄並峙於雲霄而蔽天壤，寧獨以其山川之勝而已也？

自昔名樓如齊雲落星，井幹百尺非不號稱巨麗。然祇以貯聲伎供燕遊，曾不數十閏而澌滅無餘。惟吳興明月樓有『溪上玉樓樓上月，清光合作水晶宮』之句，疑於近之。然亦未有倡明此道。若韓昌黎之振德於潮，雖其遺椽棄甓去之千年，猶寶若靈光，况乎侯政學何必遜韓而作興□□〔一〕，玆樓之傳，吳川又一潮陽也已。

侯諱應鰲，字如春，號章南，吉之泰和人。中丙戌進士，兩宰劇邑，擢司勳吏部，以忌補外。今忌者敗廢，而侯政再成，膺特薦，行登庸於朝。先是，海中龍見，塔與樓成而地産异藻，說者謂侯蔚起及人文蒸變之符云。乃作頌曰：『零緑雄都，鑑羅源水。一瀉千洋，合郡作尾。堪輿家言，洩極貴止。宰堵挽回，人文之以。爰始爰謀，工力浩止。周侯惠來，式歌且喜。載院江陽，載塔雙屺。中有岑樓，俯瞰滄涘。是名水月，環時奇詭。空明流光，顯見心體。青衿錦帶，侯率而請。徘徊瞻眺，如月攝水。梧桐邵月，濂溪周沚。江門而三，自侯紹媲。潮陽木鐸，至今振耳。日月文章，誰實嗣美。美錦既成，鋒車莫軹。海龍徵應，為侯特起。層霞在望，衮繡帝邔。億萬斯年，名樓是記。』

重修吳川演武亭文　李元暢　明茂名舉人

昔在《大司馬法》中，春教振旅，辨鐸、鐲、鐃之用，習坐作、進退、疾徐、疎數之節。夏教夜戰，

〔一〕　原文缺，據《康熙八年吳川縣志》，當為『有加』。

秋教書戰，冬乃大閱，通三時之教而並舉焉。武事乃自古重之矣。我朝遵古定制，由兩畿達天下郡邑，皆修武備，宜其列屯坐食，皆精鋭矣。乃緩急，則盡不為用，此何以故？豈非有治法而無治人哉？若吳令王公，蓋所謂以治人行治法者。

夫吳，錯大海而縣，為五嶺咽喉，而西南近諸島嶼，一不守則沿海諸城盡流血矣。故負郭有校士場、演武亭。其制卑隘，歲久且就圮，鼯鼠白日走梁間，吹蠹塵射人，殊非所以壯軍威、鼓士氣也。王公觀旋之，明年政熙物洽，乃謀諸武弁曰：『夫軍禮尚容，奈何坐令其敝？』即日下更新之令，推贖鍰若干以佐費。亡何，版幹具，畚築興，山虞納材，梓人削墨，卑者拔而峻，隘者廓而閎，圮者易而堅。前施楹者三，而兩楹為新造，其後一楹則舊所無者，總之翼翼改觀矣。亭既落成，因而講武。是日也，旛節為亭生色，劍戟為亭有聲，海上長風怒濤，魚龍草木各隱隱為亭助勝。已而號令繇此亭出，賞罰由此亭明，則熊虎貔貅之士無不以一當百。千戶甯君起而揖王公曰：『微公之力，有是哉！』乃走幣屬李子記之。

李子曰：『吾鄙人也，烏足為君重？雖然，吾嘗適吳，與公談名理，其遒勁森嚴如武庫，且動曰「吾聞之師曰」。公所師者為念庵、東廓二先生，皆以大儒揭當代旗鼓。吾始以公為工於儒耳，而不知其通於將。及退而問其政，則學宮之修也自公，鄉約、保甲之並行也自公，繇輕自公，賦斂薄自公，山海無援枹鳴鏑之虞自公，以脱巾枵呼素難束縛之卒，一轉而醉醪挾纊者自公。是公之政，又如淮陰將兵多多益善者。吾始以公為通於將耳，而不知其工於吏，可謂斌斌質有其文矣。然則公之功在吳獨一亭也乎哉？昔魯侯修泮，史克記之曰：「既作泮宮，魯侯之功。」是因文事而及武備，君子謂其善頌。今以公之武備如彼，而文事又若斯之修也，蓋合德魯侯矣。請效史克之頌頌之。』甯君曰：『善！』

重修雙峯塔疏　黃應乾 浙江上虞人，本縣知縣

粵之東嶺以西為高凉郡，吳川其屬也。山川秀媚，萬頃汪洋，支流屈曲，故人文傑起。其君子先禮讓，而小人樂桑麻，稱海濱鄒魯舊矣。不佞承乏是邦，歷覽山川勝槩，不覺心暢神怡。層巒遠翠者，麗山也。曲折鎖鑰者，限門也。為屏為翰者，文翁也。雖通駟之橋久斷，而極浦遺碑猶存。至硇洲一塔，世邈人湮，吊其故址，不可考矣，僅得元代劉耿陽之詩云『卓聳奇觀障碧川，勢吞寶麗與雲連。幾來高處擡頭望，撐起高凉半壁天』之句。由此觀之，限門去硇不遠，尤稱要轄。雙峯塔之建，匪獨吳邑之砥柱，實高凉之屏障云。

自明代萬曆間，應鰲周先生宰是邑，政成化洽，肇建此塔。孤峯獨聳，列峙增輝，其外則萬壑朝宗，層濤捲雪而已。於今六十年，日月遷次，風雨漂薄，雖有基無壞，而土木不免朽蝕，居此地者，所宜亟圖也。每於公餘，輒有繫思。何幸明經吳諱鼎羮、諱士望等二三友生，雅有同心，群謀於余，願董厥成。余曰：『長吏事也，可使前美弗繼乎？』亟捐貲鳩工焉。而邑之賢士大夫翕然從之。是舉也，豈特山川生色，人文獨鐘，占甲第之鼎盛已哉？將高凉一郡，祉斯民而席之，永如磐石矣。屬余為序。余不敏，獨欣然不辭者，亦冀後之君子有感於斯言云爾。

明勑封文林郎兩淮運使暨元配封孺人李氏合葬墓志銘

吴逢翔　閩晋江人，嶺西參議

戊辰同籍粤吴川陽衢與莆闇生及余為同宗，蓋昆弟行也，眡同籍加睠矣。數月燕邸，不忍袂分。一行作吏，間通雁鯉，迨家於遴，宰吴川數得音問也。歲乙酉，余奉命嶺西，聞公孺人先大歸，業襄事，而諸郎猶晉〔二〕壙中石以待題，余能不悲哉？公諱鼎泰，號陽衢，字葆中，為延陵季子裔。自唐遷□〔三〕水南鄉，迄宋進士銀青光禄大夫保金公謫高凉參軍，家於此，遂為吴陽望族。公祖父養吾公，掌教端州，能淑士。年饑約食，急族僯未炊者。性孝，祖父母、父母沾疫，諸子避匿，獨與配林氏扶右扶左，嘗藥晉朝夕。後先彌留，它終事惟謹，纏綿哭淚聞天行弗侵，人以為孝。感公父道宇公，善文，試輒冠人，搦管鄉闈，僅起歲薦，娶林氏，生公。公燥髮晰眉，豐下明穎凝重，釋襁褓，不妄笑言，固已异嘗。兒髫年就外傳受經解大義，丱角為文，鏃鏃日新。補文學試，高等領饟。己酉，年二十七，偕弟鼎元賢書，而從弟鼎和，亦嗣鄉雋也。會場未飂去，公語諸弟舉業羔雉耳，造物者將習某等之於古，而俾竭來練達，可縷縷辨天下事。於是共下帷肆志，古來經濟之書、二十七史之事，靡不淹貫，而公署門庭，未見三孝廉君踵跡也。居，恒又與諸弟言，古三公不易一日菽水，藉第令豐羽飂去，二白高堂天涯，以吏就養官

〔二〕據《康熙八年吴川縣志》，當為『留』。

〔三〕據《康熙八年吴川縣志》，補為『閩』。

銜，延濡晨暮，孰與軒室侍膝，日上甘㶣之為娛？公嘗兄弟於父母之側，志養色嬉，逮二親□□〔二〕終者，十三年戊辰乃成進士也。時覃恩初令，封道宇公如其官，母及配李氏為孺人。公習吏治無難，令顧江陰巖邑，直指督學、監司署，戎防駐其地，而江干又時有重客。公以一石才八面鋒應之，謂『胥吏送迎供億戔戔者，何能窘乃公？吾深念軍國民事耳』。於是定條鞭，籍不得溷，派增勻役米，豪不得影寄射官，戶清而花詭叢冒之弊墐。漕運冬苦涸，故事邑城盤，兌僱小舠至艘四十里而遙也。公上諸臺，議捐資建倉於青暘水次，免遙兌之苦，民便之。論文造士，軌之大雅，分校南闈，捷南宮三人。它如汰秏稽首減火，復季子廟田祀生，貯穀防饑，禁脚馬，革買牌，蘇貼戶，弭造訪而覲之行。富商德公之裁供應也，密以百金綵甘端來上壽，峻却之。人頌公清矣，直指督學以緡贖鍰憾公，公坐是調東明。東明故寇地，公設方畧治濠隍為守禦計，寇偵有備，遂他去。又以南闈試文纍後，乃補龍泉。旋為前餉鐫級，公怡然：『吾令江陰，蝟蝶也。令東明，風鶴也。吾令龍泉而不克，龍泉磨蝎矣。吳陽之海帶如星，海上諸峯，如螺如黛也。浮槎攝屐，把酒持螯，此不亦吾事，而匏繫於切雲進賢為？』攜鶴八里，嘗資葺學宮培文，翁山創義學，置祀畝，推資助里甲，出金助媚窆。公蓋山水之趣，乍仁義之性，恒焉矣。公歿鄉之人摭生平上當事，用以祀學宮。

〔二〕據《康熙八年吳川縣志》，補為『宣發』。

孺人李氏，明經州判李旻長女。生自名間〔二〕嫺內，則其歸公也。孝尊章躬。烰湢之役。凡尊章食衣，必親自飪紉，諗食性所宜與穩好。公早賢，書淹春官，孺人具膏檠佐讀，已而言，夫子□〔三〕下睠懽之語在耳耶。菽水椒、花方、杏花，蹄馬不大勝，而豈是峩峩官銜，豐肉與醴耶？戊辰捷至，孺人頂禮家廟，微先德不至此。維我尊章，遐不少待也。從宦江陰，贊公三字『殫所為』。治江陰狀古，酌泉投香第一，治平何人哉？東明、龍泉謂保土字甿，稱職業足矣，仕宦不止車生耳，其且奚為也？戊辰有黃旗通洋者，命諸子聞官，亦密裹百金來上壽，孺人峻令却之，與公類。公忠信而寬襄，以瞀公勞勩，以嗇神之說進。大抵千官千家。孺人媲才匹德，而又能助之。公途次聞餙巾焉，能不慟而內，殷盡於割體分飛之痛哉！所用慰者，有子雄文，大業宏賁而貳出者，風氣日上，詵詵振振，華胄當蟬聯。

公生於萬曆癸未，卒於崇禎戊寅。孺人生於萬曆甲申，卒於崇禎丁丑。丈夫子四。長士申，郡廩生。次士袞、士望皆廩生。士佳孫嘉祉、嘉禧尚幼。公郎士袞、士望、士佳，以崇禎甲申七月二十三日申時襄公孺人事於竹山之陽，佳壤葉懿，是宜銘。銘曰：『胡一官三仕而三已，有碑在心，曷車生耳。雙却百金，肥之以義，媲才匹德，天生伉儷。腹中掌中，龍文駒齒。吴名川兮姓氏張，渤海亘兮延陵昌，懿千秋兮與同臧。』

〔二〕『間』，疑為『門』之誤。

〔三〕據《康熙八年吴川縣志》，補為『膝』。

吴川縣重修學記

聖王御宇，莫不以整風化振人才為要務。顧風化之興，必有從始之地。人才之育，必有自奮之階。學校者，風化所從，始人才所自奮也。璧廱鐘鼓泮水，鸞旂釋奠，臨雍圜橋，聽講詩歌，而外史不勝紀。今天子尤加意文教，凡四方之學，罔不修舉，而於秉鐸之設必簡慎乎，其人所以整風化振，人才至亟也。越在海隅，而子衿貽刺茂草，心傷教尼不行。或連百里無絃誦聲，不特非所以為風化人才計，而與聖天子崇文廣教之至意大相背謬，其可哉？松如以康熙庚申視事茲土，方寇氛之肆熾，盡城社而荆榛，車服禮器之堂鞠為牧馬横戈之地，豈惟宮墻瓦礫堂廡丘墟，求所謂先賢先聖之依憑者而不可得。余愴心者久，然鯨鯢甫息，鴻雁莫旋，未能以集蓼茹荼之吏而勉於庀休，亦未能以形鳩面鵠之人而使之趨役，勢則然也。閲二載，而中澤漸寧，人心稍輯，既念朝廷之至意，不可以遐陬僻壤令文教之不覃敷，旋思未墜之斯文不可以使廟貌久湮而不建學明倫之亟亟。是役也，經始於壬戌之冬，而落成於癸亥之夏。襄厥事者為陳廣文龍光經理，而督課者為明經吴夢伯、林間挺、林震煜以及諸生吴士佳。蓋殫五越月之經營，而頹者舉，廢者興，前此之麥秀而黍離者頓然，翬飛而鳥革，堂啓大成，兩廡秩諸賢之祀，櫺星拱戸，泮池環荇藻之香，及於敷教有堂，啓聖有殿，鄉賢名宦有祠，豈惟美輪美奂，巋然海表之靈光，庶幾宗廟百官想見尼山之禮樂。其費，則余捐薄俸者百餘金，而都人士之相助以有成者約更集其十之七，蓋襄事之功，與經理督課之勞，其勿可泯也，而余則又安敢自以為力乎哉！雖然方余之肇始也，而上憲修學之明文亦至茲，之役其有率先而承意者乎。既而告成也，適有通查東粤學宫傾圮之嚴旨，余既修舉於吴陽，其有較他屬之頹廢，而獨可告無罪於明倫者乎。余以地方受過行罷職而去矣，獨念此邦之風俗，將率是而進於淳其教化之行浸淫而返於古，以幾於三代之治，則所謂風化之興胥於是乎。在其士人之文章學術咸沐浴於振德，之有自翕然丕變，其所積之習而蔚乎。以興煥人文於天下為皇國之羽儀，則所謂振人才者，亦於是焉。始之是學校之修舉，未必非極浦延華地靈之一助也，故不可以不為之記。

皇清康熙二十有三年歲次甲子上巳後一日，文林郎知吴川縣事江南錫山秦松如拜撰。

附刻蕭惟昌　勑命二道

勑曰：戶部司養民之政，其任靡輕，故置屬詳於諸部。苟非其人，曷稱厥職？爾戶部山東清吏司主事蕭惟昌，發身賢科，擢任斯職。歷年既久，式著公勤，是用進爾階承德郎，錫之勑命，以為爾榮。夫朕正治官以責庶務之實，爾懋廉慎，用臻來效，毋怠朕命，其往欽哉。

勑曰：夫婦，人之大倫，故朝廷推恩羣臣，命必及之。爾戶部山東清吏司主事蕭惟昌妻凌氏，端静莊淑，克相其夫。茲特封爾為安人，祇服荣恩，永光閨閫。天順八年七月十二日。

附刻林廷瓛　勑命四道

勑曰：國家隆使臣之禮，原教子之功，爵賞既加其身，褒封必及其父。義實通於今昔，制不異於存亡。爾林焕，乃浙江温州府永嘉縣知縣廷瓛之父，晦蹟韜光，讀書履善。義方之美，已收效於甲科；禄養之榮，竟遺哀於風木。乃因子績，昭示褒崇。兹特贈爾為文林郎浙江温州府永嘉縣知縣，庶靈爽之尚存，服休光於無斁。

勑曰：母之德，不專於鞠育，有教者存。子之職，不限於旨甘，惟名是顯。爰錫推恩之命，用成報德之心。爾陳氏，乃浙江温州府永嘉縣知縣林廷瓛之母，端莊有則，敬慎無違。徵令子之才名，式彰慈訓。援朝廷之彝典，宜示褒章。兹特封為太孺人，服此光榮，益隆嘉祉。

勑曰：郡縣親民之政，每詢於按部之間。朝廷錫命之榮，或出於考績之外。故法有定制，而恩有特施。凡沾旌異之名，必在褒嘉之列。爾浙江温州府永嘉縣知縣林廷瓛，拔雋賢科，擢官邑宰。涖下式勞於撫字，持躬克篤於慎勤。薦剡交騰，寵恩宜布。兹特進爾階文林郎，錫之勑命。於戲！治民先於獲上，已徵名績之良。善始貴乎保終，庶竭猷為之益。訓辭具在，尚克祇承。欽哉。

勑曰：士夫名行，豈無内助之資。朝廷褒封，必有旁推之命。典章具在，風化所關。爾浙江温州府永嘉縣知縣林廷瓛妻李氏，出自名族，嬪於儒門，職能供饋祀之勤，居不廢詩書之訓。爰因夫貴，用示國恩。兹特封為孺人，益虔儆戒之心，以迓嘉祥之至。時弘治十一年六月二十一日。

附刻吴鼎泰　勅命四道

勅曰：夫士也，鬱青霞之奇志，入修夜之不陽，從古恨之矣。苐燕詒鵲起，與身試何異？而志惠邀明綸光凝，幽穸亦足以自慰也。爾貢生吴紹鄒，乃直隸常州府江陰縣知縣吴鼎泰之父，文與行饒，志隨才奮。彙月書於芹校，屢吐金聲。剖天章於棘闈，竟成璞泣。蹉跎三策，蹭蹬一經。維爾力並思以篤親，詩兼禮而訓子。雙珠潤浦，色映韋賢之門。片玉暉崑，光呈郗詵之籍。肆今白眉振藻，亦既赤縣分符。績抱藉抒，覃章斯畀是用。贈爾文林郎如子官，湛露懋浥，幽扃宿壤，頓舒白日。

勅曰：賢令比衆，母言慈也。揆厥所自，必有賢母。肇啓之而後以壼慈，慈衆劬勞。豈弟若挹注然，睠懷伊蔚。若之何使無報也？爾林氏，乃直隸常州府江陰縣吴鼎泰之母，毓自儒風，嬪於彦士。居室無逸，脱簪兼挽鹿之勤。出門有功，解珮廣弋凫之業。迨青氈莫展驥，是而丹穴已呈鳳毛。三徙既成，一同初試。絢荆巖之虹玉，爵拜陵陽。朗豐匣之霜鐔，功歸歐治。是用贈爾為孺人，龍章彩徹，鶴隴馨騰。

勅曰：毘陵介處江湖，夙號腴壤。邇來法紀廢弛，扞罔滋衆，遂脊脊稱難治矣。剖煩理劇，實資長材，朕是以特慎其選。爾直隸常州府江陰縣知縣吴鼎泰，德宇泓澄，才諝敏練。唫案頭之青玉，業裕鯉趨。縱埒底之黃金，名蜚雁序。睠爾逡巡，釋蹻跕赤鳥以高翔。取次歌琴，手朱絃其立調。爰從蘂榜，遂試花封。鵬將六息而搏風，扶搖自奮。刃欲一鳴而出匣，盤錯無艱。保障蚤識，優為美錦。寧湏學製，騶鳴在望。駿惠宜敷，是用覃恩。授爾階文林郎，錫之敇命。史稱循良，則龔黃、卓魯最矣。高山景行，雖不能至，而心嚮往之。夫千里之行，不起於足下乎？爾勿以不能至自阻也，朕且有顯擢焉。

敇曰：語有之，維棠取甘，為蘗取苦。蓋芾棠之苦，出於茹蘗之甘也。鬱鬱縞綦，豈伊旦夕，乃絲綸而可遺之。爾直隸常州府江陰縣知縣吳鼎泰妻李氏，賦德温恭，禔躬淑慎，秉敬戒而賓君子。桓汲惟勤，篤齋媚以事尊章。任思克葉，佐同磨礪，處囊而穎鋭越南。力贊騰驤，振足而圖牧冀北。既裁絲而展素，且晝荻以詒謀。茲良吏作有脚之陽春，惟淑媛效同心之陰雨。是用封爾為孺人，歆承紫綍，益砥素絲。時崇禎二年十月十五日。

明敇贈文林郎吳公墓志銘　王泰徵 湖廣嘉魚人，知吳川縣事

吳公道宇先生者，即敇贈文林郎江陰令。又待贈其季君，吳邑稱為吳太公者是也。公有碩嗣者二。伯氏則予家給諫，同金閨籍。仲氏則粤西司李，新遷蜀郡司馬者。戊寅冬，予筮仕吳陽。冬杪，司馬氏便道里門，且過予，殷殷世誼。越明年春，又端冕庭謁而請曰：『吳彈邑也，陋甚得遠，辱大君子為難，顧向覊天杪，恐一旦藉量，移烹鮮棲枳之地，誠不樂。大賢以泥水自蔽，唯是僕有一願於此：先君生平好修，食報廛廛，墓草夙矣。墓門一片石，尚無所藉手律之人，子不孝，罪將何逭乎？蘇文忠不喜作墓

志碑銘，然世亦或有如郭有道不愧者。敢邀世誼，使夜臺中珠炤衮華乎？此天幸先君，而不孝得以稍紓其罪者也。』予不文，避席者久之，第感君之誼，復高太公之行，義無敢辭。因摭採輿論，黽勉命筆。

按吳邑著姓吳，與林桓文伯望公系吳，娶林，固宜駿發炎炎焉。吳本三吳，季子後代有顯者。初徙固始，既莆、既吳川。保金公其徙吳川鼻祖也，傳十九世。為感恩邑廣文公稟純，則公父也。公父舉丈夫，子三。長即紹鄒，名願之，字道宇，其別號也，以伯子官得贈文林郎江陰令。當公父舉子稍後期，公生，穎敏不凡，珍之甚。方舞勺，即受父書，目數千言。稍長，乃曰：『今而不古，春華也。古而不今，寒松也。』益自力學，耻為儒。凡制藝外，若《史》《漢》，若歐、蘇，靡不袛帶。天人漁獵，往始嗚呼？充其才，可謂大雅扶輪，小山承蓋者矣。邑後學率咋[一]舌辟易之，里試矛[二]弧先登者，凡幾捷。以儒士試棘闈者，凡幾歷。豈公父文學師列邑，淵源有自乎！雖數奇，大物未掇，然亦用明經肆選籍矣。才固雋而質行，更敦事父母，先意承志，寒燠必問，呵癢必搔，脩瀡必適，榫褫必具，曲盡其懽而後安。公父授端州訓，公力當室，父無却顧，一心營職，士譽騣騣起。尋轉南湘論教，亦有聲。亡何，竟卒宦邸。計及躃踊幾絕，仰視母在堂，俯視弟併女弟在育，强自活，跣奔扶櫬歸。俗忌鮮庭入，公撫棺慟哭曰：『孤不天父，仕不及從。生辰昏，病醫藥，死含殮，弗克一盡，孤死無所矣。櫬幸及門，安問俗

〔一〕據《康熙八年吳川縣志》疑為『咋』之誤。

〔二〕『矛』，疑為『蝥』之誤。

乎？』竟納中庭，哭盡哀，祭盡禮，届期而後發喪。都人士極重其孝，大其識，而高其品焉。父故矣，不勝中道嬰兒之感，事母益加謹。人勸之仕，公曰：『吾不以一日易三公。』夙夜母夫人左右，備竭其歡，十五年如一日。槩母夫人終，既服闋，竟謝仕，進念大事克襄而心始恔也。先是弟妹弱植未樹，公長而樹之、食之、教之，為合巹，為結褵，畢盡其力，友愛因心，於人倫中所罕見者。公賙困赴急，無論宗媚，即傾槖跣足不惜。族有别駕歸自會城，無子，止二媵，道病，適公赴省試為視。醫藥不效，卒旅邸，含襚棺殮，悉賴公。畢籍其遺槖，授二媵歸之古。買舟辦喪瘞金，柩下何加焉。高義如此，何食報竟厘厘也。

虜史氏之繇曰：『不於其身，於其子孫。』公二子，穀以詩書，衡石程督不少懈，因併有文名，詩人為語：『昔有三蘇，今有三吳。是父是子，難兄難弟。誠濟美矣。』伯與仲同舉己酉孝廉，伯復舉戊辰進士。當伯子之初任毘陵江陰令也，時急於賦，列邑大率尚束濕。君曰：『薪穫矣，寧堪復浸乎？』撫字寓，惟科以寬和，得民謳歌尸祝。視桐鄉畏壘，特過之時，大比士籍，提衡得雋最多，人其稱為知名富文忠云。後歷東明、龍泉，併有遺愛。何用方未艾，何遽奪其年，此太史公致凝於天道也。仲君理安城，安城山江雜畓，人易為邪。君鑒徹秋毫，發摘如神，定章程，申約束，境内肅清。尤加意詳平，凡冤疑，力為洗溲。於張之聲，口碑載道。尋因麗江抗粤西，粤區民傜恣睢，即父子動相讎殺。持三尺理之，惟急廉明業效者，因移君往。君至，察謡俗，飭紀綱，薙拔奸藪，虎化傜類，政肅冊清，頌聲一如安城。

已而流氛入，君曰：『小醜何敢蠢爾，□〔二〕殲此朝食。』因躬擐甲冑，蒞顔行聲壯，韓范隨奏淮淝捷，勒勛府以卜大用。昔巴蜀患僰，漢以司馬長卿往而蜀大治，以君成勞較之長卿，政治未易量也。天之報施，其將在斯乎！况環堦蘭玉鬱鬱森森，椒聊遠條更可知矣。公以一儒生，而佑啓昌阜如此。

敕贈儒人林氏，内助之德有足多也。孺人，郡廩生林慎女。性端肅，幼失恃，一切女則不教而嫺。及歸公，事舅姑孝。舅没，事姑愈孝。衣舖畢適，或得美餚，先進姑，姑亦忘其自嫠也。持家務勤儉，篋中奩傾以市，産躬椎布，力作褰讀，鷄儆不懈。所舉子女，雖愛之不溺，禽犢子課，萩女課工，若嚴君焉。子女因得各底有所就。處妯娌尚謙和，以身下之，翕若兄弟。其睦族善鄰，禀自天性。歲大饑，輙投匕嘆曰：『我獨果腹，如溝瘠何？』因減膳，設糜賑之，視乃公辦喪還金。同德比義，關雎好仇，斯足稱矣。若火鬱發駿，水淹流長如來芳，未可逆睹覃述者也。

公子男二。伯萬曆己酉鄉薦，崇禎戊辰進士，歷江陰、東明、龍泉，陞兩淮運使，鼎泰令君。仲與泰同榜，舉於鄉，司理江西袁州、廣西太平，陞蜀郡司馬。鼎元相君及孫枝林林，併具狀中。

銘曰：『言念君子，温其如玉。鬱鬱乎文，宜利於禄。痛嚴君之忽捐，念慈氏之顧復。與其絶裾，吾寧㦲菽。撫立友於，辦喪親族，頌義無窮。祐何不篤，二子翩翩，競爽皇屋。車馬大門，用昭式穀。』

〔二〕據《康熙八年吴川縣志》，補爲『直』。

天之報施，允有所屬。臯如睪如，康山之麓。天語煌煌，夜臺永燭。』

祭延陵季子文　吳鼎泰

賜進士第授直隸常州府江陰縣知縣孫鼎泰，粵稽譜牒，派出莆之縠城。其發源肇蹟，皆吾先祖延陵季子公一線所傳。清風高節，照耀今古，泰切羹墻，如在之思久矣。幸得承乏茲土，藉先祖之靈，時陰啓吾，蓬發吾，覆翼吾，不逮如飛磁之吸鐵，如鳴鐘之應銅。神將來告，有不知其然而然者。積忱未展，將誠有待。今幸庀工告成，廟貌更新，正吾致愛致慤之日也。謹遴今上六年三月朔有某日，虔備牲醴庶饈，致祭於先祖之神曰：『繄泱漭之儲精兮，星煜煜而流光。結天勵以為叢兮，叠秀基而匝黃。滙廉泉與遜泉兮，鬱蘭陵而為芳韡、姬胄之玉葉兮，奏三代之笙簧。齊首陽之逸士兮，堅讓嫡而不王。馳征軺於列國兮，聽音樂而洋洋。說嬰納邑與政兮，憫晉侈而多良。見國僑若舊交兮，喜衛君子而濟濟。蹌蹌掛龍泉於荒塚兮，吊徐君之蚤殤。時瘞玉於嬴博兮，謂魂復於上以為鄉。承闕里之丹書兮，題十字之珪璋。掩千秋之人物兮，騰紫極之馨香。泰飲水而思源兮，挹蘋淵以獻漿。頂鴻潤之餘拂兮，睹慶雲之飄揚。望几筵而怳惚兮，同仰止於高岡。願顧予蒸嘗兮，曰維吾孫之將。尚饗！』

題詠

極浦亭 如古城道，經吳川。**陳誼中** 宋丞相。

顛風急雨過吳川，極浦亭前望遠天。有路可通環嶼外，無山堪並首陽巔。嶺雲起處潮初長，海月高時人未眠。異日北歸須記取，平蕪盡處一峰圓。

次前 **黃若香**

歷過前川又一川，更於海盡見南天。欷嘘極浦菁葱外，笑指占城華表巔。孤使勞勞臨斗部，山僧寂寂帶雲眠。停車為愛青蓮客，釃酒虚亭月正圓。

望海 **解縉** 吉州人。明狀元學士。

吳川望海水溟溟，萬斛龍驤一羽輕。沙磧煮鹽凝皓月，潮痕遺貝麗繁星。硇洲夜露金銀氣，神電晴嵐鸛鶴鳴。玉節南來天北極，安邊歸頌海波平。

波光淼淼見滄溟，弱水飛輪似羽輕。潮闊不知天外樹，帆高猶識斗間星。限門浪急魚龍震，翰苑沙晴〔二〕鵷鷺鳴。清晏有時聞北闕，蛟螭抃舞普昇平。

次前 附賦　黃若香

吳陽三面瀕海，惟有西北一隅可達州郡，誠海上一大聚落也。以故遊斯地者，靡不登高遥盼，咸發濠上之思，因望海而寓意焉。其詞曰：繄巨浸之氣，惟海為廣漠兮，莽乎無垠。渺洞夜而芥青草兮，睇百川於一塵。吞淮蠙而吸汝漢兮，殫朝宗其未盈。納彭蠡而引湘沅兮，氣鞭五老而波擁衡雲。彙入表而聚百靈兮，嘘噏天地之氤氳。若乃三山作填兮，弱水環其外。金銀為闕，而球瑯作棟兮，珊瑚為蓋。方壺相望，而員嶠與依兮，瀛洲若帶。十洲為嶼，而列仙徒倚兮，雲裳荔佩。安期是儔，而偓佺古處兮，飱丹霞而啜沆瀣。於是蛟螭晝舞而魚龍怒號兮，駕霧鞭霆。蜃樓海市，倏忽變幻兮，疑帝疑神。長鯨噴沫，怪鱷掀鬚兮，雷雨奮興。五山特兀，六萬歲其一更兮，訴巨鰲於帝庭。鵬擊三千，渺滄海於一粟兮，還鼓櫂於龍門。若夫馮彝為患海若揚波兮，靡堅不格白羽。萬斛橫飛歷亂兮，恍如裂帛。轟轟砰砰洸潰抵觸兮，鍧若黃鐘，鋩猶矢石。朝發滄溟夕聯紫塞兮，飄車羽輪，疾於過隙。淼淼浩浩水天一色兮，禹蹟其乂，蛟宮是宅。終終復為之亂曰，西望珠崖。南顧硇洲兮，在水中央。黃龍綠藻，各呈異采兮，長

〔二〕「睛」，據《康熙八年吳川縣志》應為「晴」。

發其祥。限門天險，鎖鑰吳陽兮，利有谷王。極萬禩而朝陽，燭八荒而永炤兮。三千丈之扶桑。興酣縱目躡足蓬萊之上兮，又何瀛海之未可徜徉。

次韻　王際有 高州知府，陞河南提學道。

曉上城樓望海溟，濤光浩渺一帆輕。扶桑何處天生日，海宿從來晝有星。萬國歸航修幣貢，百蠻戰艦息笳鳴。使臣筆採風謠去，海不揚波頌治平。

次韻　李球隨

茫茫無際見瀴溟，急浪飛催市舶輕。萬斛潮來噴粒雪，片帆高去佛天星。螭龍出没隨波舞，鵁鶄蹁躚傍嶼鳴。北闕久歌清晏曲，硇洲四望慶昇平。

題特呈山温通閣　解縉

峰濯滄浪應斗魁，波瀾遶翠浪頭排。火烟光起鹽田熟，海月初升漁艇回。風送潮聲平樂去，雨將山色特呈來。地靈福氣生天外，自有高人出世才。

次韻　黃若香

閣中紫氣斗邊魁，天上文星雲際排。筆落驚人蚪蚪聚，紗籠幼婦錦衣回。山呈花雨隨鐘遠，海外蓬壺拂座來。寄語當年題壁者，知君應是廣陵才。

秦邑侯新葺内堂落成賦贈　敖瓛 江南人。

碧榕秋老一庭陰，案牘清閒耐晚吟。靖却洪濤鯨息浪，飛來中澤雁歸音。鄉思不隔湖山夢，帝睿應憐撫字心。慚愧風塵嘲俗吏，不從今日始鳴琴。

次韻　林震煜

庭花門錦緑成陰，卧治依然抱膝吟。喜載酒來人問字，聲從金出鳥知音。鴻軒靜寄青霞侶，匡谷遥聯白社心。吾道於今應不遠，好從言室聽鳴琴。

題特思山　林廷瓛

嶺海撑持有此山，孤高形著兩儀間。烟霞净盡人争見，風日晴和我正攀。青則芙蓉天不改，員於車蓋世應難。特思時渴雲霓望，便作滂沱雨一番。

寄奉陳白沙先生　林廷瓛

經年不接先生面，此日誰開後學茅。久欲傳詩無净稿，更從何處解新嘲。畫師縱得青山妙，一幅難量萬仞高。會了方員畐學意，千年終有一人豪。

留別陳學之地官　林廷瓛

不久東坡別潁濱，草塘詩句夢中頻。帝京咫尺公回首，客路三千我望雲。旭日麗天初映北，朔風吹雪又濱紛。不知獨酌羔兒酒，可念同袍骨肉人。

喜治中門人王瓚中榜眼　林廷瓛

氣合貞元又丙辰，君家甲第聳青雲。由來名下無虛士，上苑相饒只一人。

觀風　劉鉞　本省人，叅。

順流放棹下吳川，水郭沙村別一天。東阜陂陀連海峅，西溪帶引灌潮田。地肥且潤耕容易，城小還高守益堅。更喜泮宮多儁彦，頗知力學慕前賢。

吴川八景

延華弄月　汪季青

春容二十花冥冥，露華還逐瑤草生。朱欄錦桂夢蛺蝶，琉璃倒浸寒玉清。誰家午夜開寶鏡，珠光艷艷裝臺靜。娥眉香漬紫綃衣，紅塵帳暖鴛鴦飛。

前題　黄若香

長空萬里一明鏡，霓裳羽曲妝臺靚。晚來和露入廣寒，徹骨水清魂魄净。冰清疑在水晶宫，弄月池頭嬋影通。倒浸嫦娥何所有，星星猶帶桂芳叢。

一覽凭高　汪季青

危亭迥絶雲間起，豁達東西千萬里。曉來風露清冷冷，快我襟懷耿如洗。乘閒杖舄為誰看，狂歌拍碎青欄干。夜深北斗跨海去，飛閣照耀邈流丹。

前題　黄若香

孤亭高時插天起，登臨俯瞰横萬里。霄時應作泰山觀，等閒直上去天咫。我將北望矚神京，承明初拜至尊恩。我將南顧瞻衡嶽，巫峽巫雲幾處平。

極浦漁歸　汪季清

孤城半關隔千里，一水接山山接水。小舟兩兩天際來，數聲柔櫓波濤裏。解蓑擊纜當市前，賣魚沽酒醉則眠。新城題詩德閣老，匡山風雨埋龍髯。

前題　黄若香

亭空只許歲寒伍，間奇直欲比鄒魯。誰濯凌雲物外纓，自甘鹿鹿魚遊釜。臣心似水盡東流，那堪丞相復淹留。咄嗟往事聲悲壯，管取漁人一網收。

麗山樵唱　汪季清

大山巉巖多險阻，小山秀麗應可數。平林風月人語稀，隔山日聽樵人斧。斧聲丁丁鳥嚶嚶，臨流欸乃溪谷鳴。觀棊自顧歸去晚，何人五十行負經。

前題　黄若香

麗峯咫尺那陽側，菁葱不改迷蕪色。主盟四氣屬誰翁，晴川明媚無庸織。川晴時聽斧丁丁，行吟澤畔非不平。轉瞬未幾柯已爛，何人識得是王孫。

文翁聳翠　汪季清

隔海之上何以名，峩峩亘古清復清。厓山一視海底日，洪濤朝夕相呼争。振衣一嘯凌絶巔，凉風浩浩天地永。蜀川劍閣高嵯峨，文翁之化今若何。

前題　黄若香

山勢〔一〕嗟峨海欲春，峯連星斗倚天門。蒼翠綴成雲五色，岧嶤偏喜友崑崙。崑崙振秀鐘人傑，策名代起金閨籍。雲漢昭回巘岫靈，有無山色遥天碧。

〔一〕據《康熙八年吳川縣志》疑為『嵯』之誤。

通駟垂虹　汪季清

長江流水清如油，霞光五色飛金虬。神人叱虬駕秋水，萬年鐵鎖沉銀鈎。相如抱琴坐橋石，江心水仙招不得。從來四牡何翩翩，晨門一賦直千年。

前題　黃若香

洛陽橋頭水浩漫，長虹燭天光燦燦。有人題柱出通津，□□〔二〕在昔通霄漢。只今海屋幾滄桑，水底虹□□〔三〕可量。我來海上尋潮汐，錯認吳陽是洛陽。

限門飛雪　汪季清

巨鰲劈開混沌石，萬古幽關隔南北。太陽六月飛雪寒，蛟螭夜舞波濤泣。黑光蕩蕩雲皤皤，惡鬼典守不敢呵。我當騎龍奮門出，天飄滿注蘇民痾。

〔二〕原文缺，據《康熙八年吳川縣志》，當為「文星」。
〔三〕原文缺，據《康熙八年吳川縣志》，當為「霓末」。

前題　黄若香

瀛洲萬頃渾茫然，怒濤相接凌蒼天。只有幽關亘如限，五丁到此未能穿。蛟龍晝舞撒長霰，凝眸遥望猶白練。揉碎琅玗空際飛，仙人掌上摇紈扇。

東海朝陽　汪季清

扶桑萬仞亘天赤，老烏戲吞扶桑側。木公金母坐不言，須臾躍出天中日。我來三年卧海湄，彷彿夜半金鷄啼。金鷄夢徹碧雲裹，鳳凰梧桐鳴何時。

前題　黄若香

扶桑一紅鳳凰吗，東溟天際兒童笑。搔首問天天亦低，疇人能識車輪道。忽馬貫斗驤天庭，魚龍駭躍群相驚。波臣朝日解拜舞，極目蓬瀛澎湃聲。

八景總括　凌霞　本邑舉人。

躍耀朝陽出海東，浮光翠色聳文翁。限門浪蹙輪飛雪，通泗波橋映碧虹。樵唱麗山煙景外，漁歸極浦夕陽中。等閒一覽凭高久，月滿延華露淡籠。

贈南峯林廷獻　陳獻章 新會人。明翰林檢討。

黄甲科名重一時，病夫何早閉齋闈。洪鈞賦予一如是，問我去來都不知。人畏丹青應自試，道能舒卷更何疑。天機莫道難尋處，山峙川流盡我師。

贈林南峯之求〔二〕嘉　李東陽 大學士

楚客曾經越地遊，每從杭士說温州。城因海近魚頻入，山為霜繁稻更稠。民力故知非往歲，甲科今已得名流。登臨不與承宣事，肯放功名過黑頭。

吴郡守題節婦李氏烈女林玉愛詩四律 吴公，諱國倫，湖廣鎮國州人。解元進士，本府知府。

其一

羡爾孱然質，堅於百錬鋼。自看身是寶，豈顧刃如霜。雪裏挺松柏，禽中見鳳凰。世人皆有死，誰似女名香。

〔二〕據《康熙八年吴川縣志》，疑為『永』之誤。

其二

深閨蠅不到，殘賊夜知尋。便下殺人手，難移烈女心。半生無寸纇，一死重千金。只恐芳名泯，含愁為苦吟。

其三

聞而道賊死，鎮日為含愁。血盡神彌壯，喉穿罵不休。精金石烈火，砥柱屹中流。寄語諸良史，芳名為早收。

其四

恨彼豺狼輩，横行不畏天。但知人可殺，豈識烈女仙。頸頭須臾事，名傳萬億年。聖朝求節義，首見下吳川。

江陽書院八景

洲渚浮玉　**樊玉衡**　黄岡人。御史。

潮痕欲没巨鰲簪，片玉晴浮似遠岑。千古依微留地肺，四時兀突見天心。誰將灎澦移江峽，若送金焦過海潯。不盡觀濤枚乘發，高歌擊節動吟襟。

次前　黃若香

為訪濂溪始盍簪，千山歷罷又孤岑。風來玉案雲為□〔二〕，□〔三〕印銀濤水似心。洲渚寒生清徹底，滄溟深處洞千潯。相看不盡漣漪意，散作疏臣放達襟。

江樓待月　樊玉衡

江上樓高五尺天，樓前皓月印通川。三三兩兩春長暮，萬萬千千影自圓。坐挹清光瞻顧兔，閒窺真際到飛鳶。些兒識得程周趣，浩弄狂吟續往賢。

次前　黃若香

共上危樓望遠天，一溪明月映前川。孤虛只合規盈朒，浩蕩何須較缺圓。君在江頭悲狡兔，予從道岍辨飛鳶。元龍百尺高無際，握手登臨盡大賢。

〔二〕　原文缺，據《康熙八年吳川縣志》，當為『袖』。
〔三〕　原文缺，據《康熙八年吳川縣志》，當為『月』。

沙嶼飛白　樊玉衡

渺渺平沙入望淹，天高地迥見廉殲。中春暑路疑飛雪，漲海遙空侶撒塩。拂檻晴光鋪素練，披襟曉色媚踈簾。玉田瓊圃知非遠，險韻新題謾自拈。

次前　黄若香

沙蒲晴江一望淹，川原繚繞見微殲。偶因積雪吟飛絮，還為陽春擬撒塩。瓊圃明霞侵薄袂，吳門白練巧穿簾。郄枚作賦今何在，楚客才雄信手拈。

海洋散緑　樊玉衡

跳波無際拍天浮，重碧輕朱極望收。萬頃琉璃生遠色，千年靺鞨散晴眸。夢回清淺蓬壺路，思入飛騰鸞鶴儔。向若望陽頻嘆息，果然奇絶冠茲遊。

次前　黄若香

滄溟東望翠雲浮，輕沫狂波一跳收。怪鱷吞舟驚入夢，蜃樓結綺笑盈眸。瀛洲遙睇金銀氣，弱水猶通期偓儔。歸語釣鰲海上客，碧濤萬頃任遨遊。

遊雙峯塔　樊玉衡

春日過訪，周章南使君招遊江陽書院，登雙峯塔，還飲水月樓。時張學博、錢都閫、吳孝廉在坐，即席就賦。萬曆庚子二月也。

駘蕩春風拂荔香，天涯名勝恣徜徉。樓開水月空今古，塔湧雲霄接混茫。賓主東南千氣象，乾坤飄泊任行藏。酒酣擊節千年事，江漢秋陽此一堂。

次前　黄若香

比海尊開姓字香，同人永日共徜徉。雙峯直上懸牛斗，孤塔凌空界渺茫。奏牘一時關禮數，卜居千載定行藏。當年連袂聲悲壯，玉屑霏微映雪堂。

贈周吳川　許子偉　瓊山人。進士，吏科給士。

己亥閏四月，予北上駐化州，喜吳川盈盈一水，移舟夜訪章南兄。至之日，召飲縣署，見其第三子十歲能文矣。時吳孝廉在坐，盡歡而散。明日，泛舟觀芷芋大海。又明，汎舟同遊梅菉，始判袂焉。歸化，而餘興陶然也，爰賦四絶，志謝章南兄。蓋余丙戌同經房年友云，以吳縣上最銓部主政，尋謫補吳川，政聲益著。謝之，不獨鳴其私願，相與有成也。

共説高才慣治吳，年來海國漸同蘇。襟期欲起雙龍合，更喜翩翩一鳳雛。

硇洲吊古二首　吳國倫

其一

一旅南巡瘴海邊，孤舟叢樾繫流船。從容卷上天難定，急難防元地屢遷。丹鳳未傳行在所，黃龍虛兆改初年。當時血戰潮痕在，長使英雄淚黯然。

其二

海門鯨浪吸硇洲，諸將當年扈蹕遊。赤岸至今迷御輦，蒼梧何處望珠丘。行朝艸樹三千舍，故國腥臊百二州。爭死崖山無寸補，獨予肝胆壯東流。

舟次吳川督餉　曹志遇　本府知府。

卧閣暫拋琹鶴侶，輕舠旋覔水雲居。只緣海上傳烽警，且學關中督輓輸。路哭幾人憐馭馬，機忘有客欲知魚。諸艘鱗次需飈發，未許珠崖上罷書。

登李太白酒樓　吳鼎泰　邑人。戊辰進士，知江南江陰縣。

萬里飄飄客，適遊太白樓。詩人雖已去，酒興似猶留。鐵塔巍然擁，梵鍾寂若幽。曠觀斯際者，千古孰為儔。

遊英德觀音巖　吳鼎泰

兀突孤峯插水邊，峯腰一線巧通天。不辭渾朴藏金相，恰有虛空造福緣。風送波紋堆作案，珠聯帷幕結為鈿。飛來掛角雖皆逈，獨此宜推第一禪。

秋八月重過吳川與諸生小集吳氏盧賦詩寫懷　朱慈燭 明宗室，益王。

吳水吳山畫不如，重過先問故人居。林間野色秋心冷，海外風飄客興踈。寄傲無非千日酒，停雲未荷半行書。相看共結天涯社，遮莫閒愁一嘯餘。

題雙峯塔　吳士望 癸卯鄉試。

創建於今七十年，凌凌峯勢直參天。屏連北嶺山為障，襟帶西江水並漩。海兆神龍應有意，池呈異藻詎無緣。人文自此從風起，是我周公澤未湮。

吳川觀海歌　姚岳祥 化州人。翰林庶吉士。

海水清，涵天浴日無垢冥。海水廣，吞河吸川無消長。海水深，蛟龍蟠伏查難尋。海水濶，歸空浩蕩竟達洞。我欲沂流窮其源，頗奈汪洋不可前，誰窺浴日與涵天？我欲控欄楊〔一〕其波，力不從心可奈何，誰測吸川與吞河？我欲浮舟問其津，百怪紛紛復芸芸，誰辨蛟龍之神？我欲横磯濯吾足，萬濤奔逐復奔逐，誰擣歸虚之谷？時維四月暫成隙，偶携故人共登劇。滈高縱跳〔二〕滄溟寬，依稀欲遇乘槎客。燭龍蒸鬱海若驕，白浪茫茫山欲摇。惡風晝起鳴蹊馬，瘴露昏籠噴怒潮。鰲使更番縮不住，蜃樓出没近猶饒。張帆怯見紅旗動，鼓鬣疑將赤岍飄。更有潢池弄兵者，連搜撾鼓西南下。揚戈頓使洪濤腥，一炬堪憐萬家赭。白骨漂流葬魚腹，夜夜水濱新鬼哭。馬上將軍知不知，猶向華筵厭粱肉。萬里堯天覆幬均，海隅渺渺念吾民。寄語將軍須努力，好教一戰淨妖氛。

限門賦　李元暢 茂名舉人。

吳川濱海而縣，其南三十里有限門焉。納鑑江、零洞、潭峩之水放於海門，廣盈丈，夾磧對峙如虎牙錯。淺流中逶迤蜿蜒而入，即瞿塘、灔澦之險不能過。每風濤搏激，雪浪山立，其響如輕雷，聞百里。是門也，北達燕齊，旁通閩廣，西南走諸島，崎望瓊、雷、硇洲，僅隔衣帶水，風勁可一瞬航之。海上多故，此門設半旅，可當劍閣一夫也。商舶至，非購篙師定檣烏不敢入。失道觸淺流，中夾磧，舟立瓜

〔一〕據《康熙八年吳川縣志》疑為『揚』之誤。
〔二〕疑為『眺』之誤。

碎，蓋亦海濱之雄鎮也。予賦之，俾履險者慎焉。

林永贊　陳白沙 明真儒。

派分九牧，監簿流長。振鐸儋耳，胥宇吳陽。桂枝雙馥，蘭萼頻香。科名藹藹，珂佩鏘鏘。統垂未艾，緒纘無疆。珠聯璧合，炤燿穿陽。

林廷瓛贊　倫以諒 進士。

星輝王良，海渺蘅芳。繡虎言就，剸犀擅長。郎星移度，佐我黄堂。功成熊瞻，帝錫鸞章。厥父厥母，實惟顯揚。嗣有二秉，式紹書香。兆珍其閭，居國之光。百千萬祀，斯宦斯鄉。

林廷璋贊　陳羅江 布政。

瀰海浴日，翠岫炫文。誕生吉士，畋索漁墳。魁名早掇，鋭志瓊林。公車屢上，弗就縉紳。冥府倏召，□〔一〕玉埋金。修文地下，顏卜等倫。駿鴻事業，留厥後昆。

〔一〕據《道光吳川縣志》，補為『瘞』。

林秉全贊　黄〔一〕弘誨 尚書。

惟公亭亭，束髮受經。已千已百，磨就青萍。有天不負，秋鶚搖翎。登壇三載，食餼十零。學優而仕，別駕建寧。金籝不滿，書囊惟馨。南峯之訓，一枝來青。而孫而子，亦敬而聽。

〔一〕疑為『王』之誤。

雜志

災異

以前無考，考郡志及近日覩聞者録之。

明

正統十三年，有星孛於南斗。

十四年，大水溺人畜。

景泰七年冬，有大星自南東入，天璧有聲。

天順二年春二月，海寇犯寧川守禦千戶所。

成化三年，披頭星出，如苂帚在乾方。

十四年，水溺人畜。

十五年，風雨調順，大年。

十八年壬寅春三月地震。四月大水至，八月始退，是年災傷。

二十三年元日，有白氣如練，漸消，有聲如雷。八月二十二夜，地大震，墻屋搖動。

弘治十一年七月十一日初昏，有大星自東南經西北，聲響如雷。

正德二年春正月朔，日有食之。

十年六月朔，日有食之，星晝見。

十二年夏，不雨。秋八月，大水泛。

十六年，颶風雨大作，傷禾稼。

嘉靖四年秋冬至次年春，恒陰雨。又自十一月十八日至五年九月，日未出之。先既入之，後赤氣亘天，雖雨亦然。

十年三月初二日，大雨雹震電。

二十一年七月，颶風大作，壞官民墻屋。

二十二年八月十六日，月食甚。

二十四年五月朔，日有食之，星晝見。

二十五年，海潮大漲，異於平時，沿海田遭鹹傷者十有四五。又加天旱，民不耕者十有三四。

二十七年，本府大疫，本縣尤甚。三四月不雨，六七月雨，大水傷禾稼。九月霜露繁，晚稻多秀不實，禾穀價高，百姓艱食。

二十八年三月朔，日食，大水傷禾。

三十二年正月朔，日食。
四十五年正月初十日，日中有黑子，大如卵。五日乃滅。
隆慶二年九月三十夜，旄頭星見西方，長五六丈。
四年五月朔，日食。
萬曆五年九月二十三日申時，慧星見西方，尾長五六丈，白氣亘天。至十一月漸暗不見。
八年二月朔，日食。九月，慧星見西方。
九年辛巳九月至十二月，啓明星不見。
十一年十一月朔，日食。
十三年乙酉，城外上郭虎出。
十七年四月，颶風大作，壞屋傷稼。
二十二年，旱潦不時，年穀不登，歲大荒。
二十三年，米穀價高，人民大饑，流離死亡者衆。
二十四年，又饑，時人有『隻鵝止換三升穀，斗粟能求八歲兒』之謠。
二十五年，風雨時，禾稼稍登。
二十六年，風雨時，禾稼登。十二月二十九夜，遍地大震，墻屋摇動。
二十七年，風雨時，早禾晚稻大登，米石止二錢。九月二十一日，新塔起工，是日海中三龍見。十二月，塔前小港偶出海粉。

二十八年正月，城外下郭豹虎出。

四十五年丁巳七月十四日，颶風大作，傾屋拔樹，有舟在水中飛架民屋上者，禾稼盡淹。八月十五日，大風又作。

崇禎二年二月，海公魚死，流入限門。是年被海寇李魁奇犯境刦掠。

五年壬申六月，大水溯漲，江船使至縣前照墻，壞民房屋無數。

七年，海寇劉香老入限門。

十四年九月初九日，地震。

十七年甲申三月朔，日食，天地昏暗。

國朝

順治三年丙戌十二月初二日戌時，雷鳴。

四年丁亥二月十三，黑圈四圍侵日。六月初十，土寇龍泉楊千秋、鄭哨、牙六等破城，海防同知文衡戴公、縣主培亨陳公、縣丞、典史、教官均被弑之。八月二十九日，遊擊汪齊龍為王海如所殺。是夜，風雨異常，飄人淹禾。自是夜常聞馬蹄人聲，聽者擬似齊龍音狀。

五年戊子，大饑，穀價至二兩餘。五月，大水。秋九月，閆可義破吳川，殺人無數。

七年庚寅冬，僞將冷弘傑、唐天星攻殺，波及邑人，被難數千。

九年壬辰九月，降將杜永和船泊烏泥、茳芋等處，被颶風，溺兵丁妻女無數。

十年癸巳四月，有山馬二隻，一過石塹河，一自城之東南角跳入城内。七月，土寇林礪金、林瓊樹父子糾謀勾西逆葉標、施尚義復犯化吴，縣主應乾黄公被執而逝，化吴石參將應太極陣亡，海防劉公統兵剿遁。又七月念七日，頓當墟雷擊四十餘人，邑父老轟傳雷擊者即礪金等仝謀未滅之衆。八月，大兵至，剿殺甚多，婦女被擄無數。

十一年甲午八月朔，日食。

十三年年丙申，太白星晝見。

十七年庚子，龍過茳芋，倒壞房屋，崩陷田塘，壓死商人黄少埜。

康熙元年壬寅八月初六至十六日，颶風□□〔二〕，禾稼盡淹，人民大饑。

□□□□〔三〕癸卯，水災，亦饑。奉旨蠲本年□□□〔三〕分之三。

〔一〕 原文缺，據《康熙八年吴川縣志》，補為『三次』。
〔二〕 原文缺，據《康熙八年吴川縣志》，補為『康熙二年』。
〔三〕 原文缺，據《康熙八年吴川縣志》，補為『錢糧十』。

□□□〔一〕辰冬，慧星見東南方，芒如帚，長二□□〔二〕。□〔三〕有二星相鬥，地震如雷。

□□□〔四〕巳八月，地震。

□□〔五〕八月十二日，城□〔六〕上郭忽出二虎，条將紀統兵擒之。十月十二日，雷電大作。十二月十九日，雷。

六年丁未自六月十□□〔七〕雨，至九月，禾稼盡淹。

七年戊申正月，海公□□〔八〕港。是月念四日黃昏，西方白氣如練，長數丈，形如劍，數日始散。又三月至七月，太白經天。

八年，大有。

九年，大有。

〔一〕原文缺，據《康熙八年吳川縣志》，補為『二年甲』。

〔二〕原文缺，據《康熙八年吳川縣志》，補為『三丈』。

〔三〕原文缺，據《康熙八年吳川縣志》，補為『又』。

〔四〕原文缺，據《康熙八年吳川縣志》，補為『四年乙』。

〔五〕原文缺，據《康熙八年吳川縣志》，補為『五年』。

〔六〕原文缺，據《康熙八年吳川縣志》，補為『北』。

〔七〕原文缺，據《康熙八年吳川縣志》，補為『三日』。

〔八〕原文缺，據《康熙八年吳川縣志》，補為『魚入』。

十年，大有。

十一年七月，颶風，城垣、民舍、營房被吹，幸禾稼未值甚傷，半熟。

十二年春王正月，天朗氣清，惠風和暢，嘉祥可進，徵歟美哉，始基之矣。

十三年甲寅，大有。

十四年乙卯三月初四日，天中白圈，四圍侵日，自巳至午不散。至六月，高雷廉總鎮祖澤清變叛，勾通西逆馬提督糾黨李董郭，稱為將軍，雄踞高郡，厚歛横徵解糧米供夫役，死者無數。

十五年丙辰，變逆如故，尚未更正。

十六年丁巳四月，海寇謝厥扶帶船一百餘隻，突入港内灣泊，索取糧米，吴民驚逃。後為祖總鎮計請赴高，立綑囚解。其子謝昌聞風揚帆而去，官民欣然歸正。

十七年戊午三月，高雷廉祖總鎮又叛，幸額將軍與藩王統領滿漢官兵恢復。不料九月初一日，那良土棍陳懿、那囉李大頭六、黄坡李天揹二等勾引海賊冼彪，船隻數百號直入内境擄掠。時吴營千總袁其忠帶領官兵前往芷苧敵禦，被創陣亡。城西隔河一帶地方盡為海寇佔踞，以致田地拋荒，錢糧積欠，自此始矣。

十八年己未三月，縣令王公諱如恒見賊艘不退，徒存孤城，單騎赴郡，懇請高雷馬總鎮調撥貼防南雄營守備宋璘、鎮標左營遊擊楊國泰等分佈堵禦。就月，内海賊逕衝三江嶺營盤，與兵厮殺，提標趙把總被創而逝。自是賊勢愈熾，竟據冼村、水潭、那鄧、那良、大岸為巢穴，沿村焚刦，擄男婦、屠耕牛，慘不堪言。迨至十月，署縣令陳公諱萬言着署典史謝宗太招練鄉勇二百餘人付吳營，便委把總陳華帶領渡河。華乃邑人也，素知水道，不避艱險，奮勇身先，力攻水潭賊寨。城内官兵為後應，楊遊擊、宋守備協攻冼村、那鄧兩處。賊势大敗，妻子溺水而死者無數，其餘艘仍聚泊於十二埇、郁律、硇洲、新門等處。時吳營遊擊王德壽、南雄守備宋璘固守城池。吳營中軍守備王先守東砲臺，鎮標左營遊擊楊國泰守西砲臺，鎮標陳千總、張把總分守坡頭，地方以備應援。

十九年庚申四月，瘟疫流行。又有海寇謝昌、李積鳳船隻數百號，連䑸湊聚，於六月初二初三兩日由三合窩入滘，直攻西砲臺營寨。其時協守城池守備宋璘、分守東砲臺守備王先俱帶兵渡江接援，晝夜交攻。初四早，賊艘分䑸，一路對敵，一路乘潮駛入梅菉，焚房屋，掠財物，擄去大小男婦不計其數。賊艘仍復聚處勒贖。

九月，彗星見西方，有氣如練，長五六丈。嶺西道時公，諱國棟，目擊荒殘，發穀二百石、發牛二十頭賑濟。廣東督粮道蔣公諱伊憐憫困苦，捐賠本年倉米三千餘石，闔邑殘黎共沾恩惠。

二十年辛酉，瘟疫更烈，邑人病死者多甚，而絕門者幾半。

三月，順德鎮蔡總統虎頭門水師，張總兵統領舟師行調吳營，戰艦為前導，沿海蕩勦。賊首謝昌、冼彪等聞風漂突瓊南後，為舟師追至撲滅，所剩殘黨不知出没。

廣東督粮道署布政司事耿公，諱文明，捐俸銀七百兩，着縣代買牛種，給發難民，而荒田賴以開墾者，始基之矣。

廣東督粮道蔣公又捐賠本年倉米三千餘石，吴邑之民不知何修而得此再造之恩也。

二十二年癸亥，奉旨京差内閣石、杜大人會同總督兩廣部院吴巡撫、廣東都察院李□開界，准民採捕。

二十三年甲子，風雨時，禾稼稍登。

二十五年丙寅，化州州守楊公，諱于宸，攝篆吴邑，以地方困苦，自帶粮米柴薪，不擾里民供應。吴民感戴高厚，各喜有生。

二十六年丁卯，風雨時，早稻有收。

二月，新任縣令李公，諱球隨，目擊民逃田荒，積欠纍萬，單騎詣肇、詣省，痛陳民隱。蒙各憲洪慈，停催十八年至二十四年未完錢糧，德重如山，恩深似海，真是吴民九死一生之會也。已歸者樂業安耕，未歸者聞風嚮化，將拭目俟之。

吳川縣志後跋（吳廷彥）

我明肇造區夏，一統有志，方國郡邑有志。吳陽雖蕞爾，亦宜勒紀載以昭龜鑑，而故獨闕焉。□〔一〕老紳逢嘗嗛肰嘆曰：『孰與再造我吳而乘之也者？』

歲丁酉，儌天幸，周大夫來宰是挹。大夫，吉泰和世胄也，以丙戌上第，兩試劇邑，治行冠三吳，晉銓部郎，已復為令。夫以大夫璆瑯之質、飈霆之材、泰華喬岱之望、冰壺秋魄之操，視彈丸吳，何异函牛之鼎烹雞？而顧不鄙彝其風土，昕夕拮据，蠶宿蠹剔，積猾鋾讋，衿韋噢咻，黎赤臂無攘而隅無何，下檐未浹歲而弊掃風恬，厥有寧宇。又嘗閔邑之凋敝而儁髦鮮耀也。由水口不鑰，迺建浮圖七級，障狂瀾而扃之。它如創□□〔二〕，表節義，飭亭池津梁，三禩內百度改觀。而獨□〔三〕邑乘未新，蒿目於邑

〔一〕原文缺，據《康熙八年吳川縣志》補為『長』。
〔二〕原文缺，據《康熙八年吳川縣志》，補為『書院』。
〔三〕原文缺，據《康熙八年吳川縣志》，補為『於』。

者久之，不肖彥乘間跽□〔一〕請曰：『大夫蒞茲土也，桃李嘯春風，桑麻舒□□〔二〕，杰搆鱗錯，自有吳來覯所未覯。不藉鉅椽為□〔三〕吳史，其若城社父老之靈何？』於是，大夫輾然□〔四〕可。旦治簿書，宵篝燈摩〔五〕勘，孜圖經，摭故實，自天紀地維以迄建置文物，銖纍櫛比，犂為十卷。一展冊而吳陽數十世善敗燦若列眉，再易草而僅五旬。

既擬壽剞劂，會直指樊公自雷陽入，吳大夫介廷彥偕錢君海問序焉。彥皆竄謬附大夫門墻，飫聆點雪之秘，目擊大夫所為再造我吳者，萬年一日也。而斯志行精嚴詳核，書法逼尤狐馬班諸名家，且獲直指。公鐘呂聲帨，其論真足不朽哉！又寧我二三紳逢躍戴鴻裁，即童白有知，且加額明賜而召祝焉。語曰：『善建者不拔。』又曰：『得全者全昌。』以大夫峻績竑猷，今膺特陟臺垣，載筆承明之盧，標環宇而節鉞之，則波及一吳者，固其嚆矢耳。敢不揣狂瞽，次第大夫功，能以為將來左券。

時萬曆庚子端陽月下浣之吉，邑舉人吳廷彥頓首謹譔。

〔一〕原文缺，據《康熙八年吳川縣志》，補為『而』。
〔二〕原文缺，據《康熙八年吳川縣志》，補為『綠埜』。
〔三〕原文缺，據《康熙八年吳川縣志》，補為『我』。
〔四〕原文缺，據《康熙八年吳川縣志》，補為『曰』。
〔五〕原文缺，據《康熙八年吳川縣志》，疑為『磨』之誤。

重修吳川縣志跋（黃若香）

往歲戊申，奉命入吳。冬抄〔一〕，即荷皇恩展界，旋有修志之舉。茲壬子冬抄，復蒙上命，有大修《皇清一統志》之役。展誦檄文，切切問者，山川形勢、風俗人物、戶口丁徭。是役也，美哉，其永清大定之休徵乎？予復以昔日所修者詳加纂輯，删繁增要，綜核備至，寧質不文。昔夫子嘗曰：『無徵不信，不信民弗從。』予將以異日之信且從者載而勿略。是志也，不特有當於一邑文獻，行且有徵一代文獻。

我聖天子於宵旰之暇，省覽吳陽邑志，不幾為薄海竹民廑東顧之憂乎？吳陽蕞邑瀕海，數年之內，田賦漸廣，戶口漸增，然海利未興，民用未足。司民牧者，雖極意撫綏，其何能於既庶之後而亟議既富也耶？予心裕力綿，惟有仰藉聖天子洪恩，暨諸憲司如天之德，為吾民作休養元元之助而已。語曰：『千金之裘，非一狐之腋。』吳陽遭遇盛朝汪波，繼是而興者，起斯民於哀鴻而更加之袵席，安知周泰和之舊澤不可復見於今日乎？是予之志也夫，是予修志之志也夫。

時康熙癸丑春王正月上元之吉，文林郎知吳川事蜀閬黃若香書於靜山堂。

〔一〕『抄』，疑為『杪』之誤。

重修吴川縣志後跋（吴士望）

康熙戊申夏，蜀之閬中黃公奉簡命來視吴篆，觀風振俗，稽獻考文，將以為維新政教之助，而深慨夫邑志之殘缺也。夫志，固史也。古史無官，自大史、小史、內史、外之官設，而史始不見於郡縣，此志之所由以作也。是故有一統志，有府州志，有屬縣志。而吴陽以兵燹變更之後，其放失遺棄者，二十餘年於茲矣。雖然，豫章周令公之編述猶可考而知也，但其中時異制殊不可無紀，人文節義不可無紀，及今不續，後將淪遺，而觀風問俗者曷徵焉。但侯以其事關鉅典，遂請命於郡侯。而郡侯怡然俞曰：『可爰屬望侶以志之。』

夫志，重事也，固尚其識之明，尤尚其學之充。既尚其學之充，尤尚其心之正，望何人斯而敢勝是任哉？兼之南宮試逼，應制靡遑，第辭弗獲，已乃模寫府志之成蹟，發揮周令公之遺意，而掇拾其事，采輯其文，類編成帙，少俾邑人觀感而興起焉。初不敢飾詞而干譽也，邑乘嚴國史之實録也。後之君子欲徵文獻之蹟而濬史記之源者，未必不以是為餼羊，而或繾綣於茲志云。

時康熙己酉仲夏之吉，邑舉人吴士望拜手謹跋。

该志缺漏部分：古序缺第十七頁。

圖書在版編目（CIP）數據

康熙二十六年吳川縣志 /（清）李球隨纂修；鍾嘉芳整理 . —廣州：暨南大學出版社，2023. 12

（粵西府縣舊志叢書 / 孫長軍主編）

ISBN 978 – 7 – 5668 – 3334 – 1

Ⅰ. ①康…　Ⅱ. ①李…②鍾…　Ⅲ. ①吳川—地方志—清代　Ⅳ. ①K296. 54

中國版本圖書館 CIP 數據核字（2021）第 275188 號

康熙二十六年吳川縣志

KANGXI ERSHILIU NIAN WUCHUAN XIANZHI

（清）李球隨　纂修

鍾嘉芳　整理

出 版 人： 陽　翼
策劃編輯： 杜小陸
責任編輯： 潘江曼
責任校對： 孫劭賢
責任印製： 周一丹　鄭玉婷

出版發行： 暨南大學出版社（511443）
電　　話： 總編室（8620）37332601
營銷部（8620）37332680　37332681　37332682　37332683
傳　　真：（8620）37332660（辦公室）　37332684（營銷部）
網　　址： http：//www. jnupress. com
排　　版： 廣州良弓廣告有限公司
印　　刷： 深圳市新聯美術印刷有限公司
開　　本： 850mm × 1168mm　1/32
印　　張： 9. 5
字　　數： 241 千
版　　次： 2023 年 12 月第 1 版
印　　次： 2023 年 12 月第 1 次
定　　價： 89. 80 圓